KB198517

무조건
팔리는
온라인 마케팅
기술 100

짧고 강렬한 숏폼으로 1,000% 매출이 터진 비밀

무조건 팔리는 온라인 마케팅 기술 100

"잘 파는 사람은
AI시대 빠른 트렌드도 꿰뚫는다!"

마정산 (온라인 마케팅 컨설턴트) 지음

📖 동양북스

온라인 마케팅은 태생이 다르다!
원리를 알아야 '매출이 쑥쑥' 자란다

온라인 마케팅을 위한 기획서는
초안부터 다르다

기획서 A

이번에 출시된 커피 브랜드의 타깃 고객은 30대 직장인입니다. 직장인이 많이 보는 경제신문에 광고를 해서 신제품에 대한 인지도를 올리고자 합니다. 출시되는 제품은 다크 블랙, 스위트 아메리카노, 밀키 라떼 등 3가지인데요. 광고 효율화를 위해 스위트 아메리카노 한 가지 제품만 광고하려고 합니다.

기획서 B

이번에 출시된 커피 브랜드의 타깃 고객은 30대 직장인입니다. 30대 직장인의 주요 방문 사이트 및 관심 키워드 등 데이터 분석을 통해 마케팅 전략을 수립했습니다. 직장인의 커피 수요가 많은 출근길에는 자주 보는 경제신문 어플에 디스플레이 광고를 하고, 점심시간에는 음식과 관련된 웹툰에 광고할 예정입니다. 3가지 제품들이 각각 등장하는 광고를 여러 온라인 매체에 1주일 동안 테스트한 후, 가장 클릭률이 높은 제품을 선정해 향후 온라인 캠페인의 주력 제품으로 활용하겠습니다.

두 가지 마케팅 기획서 중 어떤 것이 더 신뢰가 가는가?

당연히 두 번째다. 기획서 B는 데이터 분석을 통해 전략적 대안과 실행 방안을 제시하고 있다. 그리고 광고 효과성을 높이기 위한 제품 테스트까지 제안한다.

반면에, 기획서 A는 성의도 없고 전문성도 없어 보인다.

그런데 사실 기획서 A는 얼마 전까지 우리가 흔히 사용하던 마케팅 기획서였다. 아날로그 마케팅 시대에는 마케터와 에이전시의 감각과 경험에 의존해서 마케팅 전략과 기획서를 두루뭉술하게 수립했다. 광고와 프로모션에 투입된 마케팅 예산 역시 제대로 쓰이고 있는지 알 수 없었다.

하지만 온라인 마케팅이 본격화되면서 모든 것이 변했다.

고객의 실제 구매 리스트와 방문 사이트 같은 데이터를 분석해 고객을 세분화하고 향후 무엇을 구매할지 예측한다. 고객들이 특정 시간에 자주 보는 인터넷 사이트에 제품 광고를 보여줄 수도 있고, 고객을 네이버 스토어로 유입시켜서 구매를 유도할 수도 있다. 6개월 동안 추가 구매를 하지 않은 고객들만 골라서 무료 쿠폰을 보낼 수도 있다.

이 모든 활동들이 온라인 마케팅을 통해 가능해졌다.

AI시대 온라인 마케팅은
특출난 전문가의 영역이 아니다

예전에는 온라인 기기와 온라인 문화에 익숙한 소수의 마케터만이 온라인 마케팅을 담당했다. 하지만 이제는 모든 사람들이 온라인 마케팅을 이해하고, 쉽게 활용할 수 있는 시대가 되었다.

다만, 온라인 마케팅을 더 잘하기 위해서는 온라인의 특징과 기술을 충분히 이해해야 한다. 현란한 기술만 보여주면 고객은 금방 질려서 떠난다. 고객을 이해하겠다고 너무 많은 시간과 예산을 쓰다 보면 트렌드를 놓치게 된다.

온라인 마케팅은 IT 기술과 속도, 트렌드, 그리고 고객에 대해 모두 고민해야 하는 종합 예술이다.

지루하면 시선도 매출도 뺏긴다

짧지만 강렬한 온라인 마케팅 기술 100가지

책에서 제안하는 100가지 기술은 모두 짧지만 효과적인 온라인 마케팅 기술이다. 온라인 마케팅은 고객과 시장 상황을 바로 인식하고 순간적으로 대응해야 한다. 온라인 트렌드를 이해하고 경쟁사보다 빨리 움직여야 한다.

온라인 마케팅은 너무 짧은 시간 안에 아날로그 마케팅을 제치고 대세가 되었다. 때문에 아날로그적 관점에서 온라인 마케팅을 하는 경우가 많다. 하지만 온라인 마케팅은 온라인적 관점에서 접근해야 최고의 성과를 낼 수 있다.

이 책을 활용해서 온라인 마케팅을 시작한다면 온라인의 가능성을 최대한 끌어올리면서 매출 증대와 브랜딩을 모두 달성할 수 있을 것이다.

온라인 마케팅으로 열혈 팬덤을 만드는 법
"2명의 열혈팬이 8명의 친구보다 낫다"

온라인에서 바로 써먹는 브랜드 전략 16가지

"어떻게 해야 돈 되는 브랜드를 만들까?"

마케팅을 '온라인'으로 할 때 꼭 기억할 거

"온라인에선 매출이 오를 때까지 계속 수정할 수 있다"

5깡

결론만 말하재면 '당짱 째대로 시깍하라고!'
"1,000% 한계 없이 오르는 매출을 경험하라"

1짱

최소 비용으로
매출이 폭발하는
비밀

"짧고 강렬한 숏폼으로 고객을 사로잡아라"

슈퍼스타 오타니 쇼헤이를
무료 광고에 활용한다고?

온라인 마케팅의 가능성

메이저리그에서 가장 핫한 선수 '오타니 쇼헤이'를 광고 모델로 활용하려면?

일단, 천문학적인 광고 모델료와 길고 복잡한 모델 계약 때문에 주저하게 된다. 하지만 오타니를 무료로 광고에 활용할 수 있고, 준비 기간도 단지 48시간밖에 안 걸린다면?

이때는 무조건 고Go를 해야 한다.

이런 일이 실제로 가능할까? SNS와 마케터의 순발력이 결합하면 가능하다. 이런 기적이 어떻게 가능한지 알아보자. 여기서 포인트는, '마치' 광고 모델처럼 활용한다는 것.

2023년 8월 27일 오타니는 뉴욕 메츠와의 시합에서 야구 배트를 멋지게 휘둘렀지만, 아쉽게도 파울이 되었다. 하지만, 온라인 마케팅에서는 역사적인 홈런을 기록한 순간이다.

오타니가 친 파울볼은 쿠어스 맥주의 전광판으로 날아갔고, '쿠어스 Coors'의 C자 위의 패널이 망가지며 검은색 사각형이 작게 표시되었다.

이 사건을 쿠어스 맥주 마케팅팀에서 엄청난 바이럴 마케팅으로 만들어 냈다. 참고로 메이저리그의 공식 맥주 후원사는 '버드와이저'이고, '쿠어스'는 구장의 전광판 광고만 하고 있었다.

쿠어스 맥주는 발빠르게 움직였다.

먼저 검은색 사각형이 표시된 쿠어스 맥주의 전광판 이미지를 활용해서 '딱 좋아!Hit The Spot'이라는 온라인 광고를 제작해서 야구장 및 자사의 SNS에 올렸다. 또, 48시간 안에 검은색 사각형이 그려진 쿠어스 맥주의 기념 캔을 만들어 한정판으로 공개했다.

오타니의 팬들은 열광적으로 기념 캔을 구입했다. 17달러에 판매된 기념 캔은 미국 이베이에서 170달러에 판매되기도 했다. 기념 캔을 구매한 팬들을 자신의 인스타그램과 유튜브, 페이스북 등에 쿠어스 기념 캔을 올렸다. 미국 팬들이 SNS에 자발적으로 일으킨 바이럴은 곧 전 세계로 퍼졌다.

얼마 후 쿠어스는 검은색 사각형이 그려진 실물 쿠어스 맥주를 판매하기 시작했다. 역시 팬들은 오타니의 파울볼이 망가뜨린 전광판이 그려진 쿠어스 맥주를 즐겁게 마셨고, 다시 바이럴을 일으켰다. 미국에서 판매된 기념 맥주는 일본 팬들의 요청으로 일본에서도 판매되기 시작했다.

이 과정에서 쿠어스는 자사의 그 어떤 SNS와 광고에서도 오타니 쇼헤이를 보여주거나 그의 이름을 들려주지 않았다. 단지 '오타니'의 파울볼이 만들어 낸 '망가진 전광판'과 '딱 좋아!'라는 슬로건만 보여줬다. 하지만 메이저리그와 오타니의 팬들을 오타니의 파울볼이 만들어 낸 광고와 기념 캔, 그리고 실제 맥주를 하나의 밈으로 형상화해서 적극적으로 바이럴했다.

그렇다고 해서 쿠어스 맥주가 오타니에게 지불한 광고비가 있을까? 한 푼도 없다. 쿠어스가 메이저리그의 엄격한 스폰서십 규정을 위배했을까? 전혀 아니다. 쿠어스 맥주는 무료로 오타니 쇼헤이를 마치 광고 모델처럼 SNS에서 활용했고, 버드와이저와 같은 공식 스폰서십 회사처럼 떠오를 수 있었다.

이것을 '엠부시 마케팅' 혹은 '매복 마케팅'이라고 한다.

올림픽과 월드컵과 같은 스포츠 이벤트에서 종종 볼 수 있는 마케팅 기법인데, 공식 후원사가 아닌 기업들이 마치 공식 후원사와 같은 이미지를 구축하는 활동이다.

쿠어스 맥주는 SNS를 활용한 엠부시 마케팅의 멋진 사례다. 여기에는 3가지 원칙이 있다.

원칙 1. 팬들의 자발적 열광을 이끌어냈다.

원칙 2. 팬들이 쉽게 주변에 확산할 수 있도록 했다.

원칙 3. 순발력이다. 엠부시 마케팅은 강력하지만, 팬들의 관심이 줄어들면 힘을 잃는다. 쿠어스는 48시간 안에 SNS 전략을 수립하고 기념 캔 제작까지 끝낼 수 있었다.

온라인 마케팅을 활용하면 일회성 사건이 훌륭한 광고가 될 수 있다. 결국, 파울볼이 홈런볼이 되었다.

❗ POINT ◇

온라인기술
엠부시 마케팅은 유명 모델이 등장하지 않으면서도 자연스럽게 브랜드를 보여준다. 그것도 무료로!

효과적인 매체
브랜드 홈페이지, 페이스북, 유튜브, 인스타그램

온라인 마케팅의
뚜렷한 장점 2가지

한 달에 1천만 원의 광고비가 드는 2가지 기획서가 있다.
(투입되는 광고비와 목표는 동일하다.)

- A 기획서는 십만 명의 사람들에게 광고를 보여주고, 백 명의 고객을 확보할 수 있다.
- B 기획서는 그 반대다. 천 명의 잠재 고객을 선정하고 이들에게 집중해서, 백 명의 고객을 확보할 수 있다.

어떤 기획서가 성공 확률이 높을까?

당연히 B 기획서가 성공 확률이 더 높다. A 기획서는 고객 1인 당 1백 원의 광고비가 투입되지만, B 기획서는 1인당 1만 원의 광고비가 투입된다. 즉, 고객 1인을 위해 광고비를 밀도 있게 집행할수록 광고의 성공 가능성이 높아진다. 여기서 A 기획안이 전통적 마케팅 방식이라면, B 기획안은 온라인 마케팅 방식이다.

온라인 마케팅은 온라인 매체 및 콘텐츠를 통해 자신의 제품과 서비스를 소비자에게 알리는 활동이다. 많은 비용을 지불하면서 제품과 서비스를 소비자에게 알리는 목적은 간단하다. 광고비 이상의 매출을 거두기 위해서다. 온라인 마케팅은 매출 측면에서 2가지 뚜렷한 장점들을 갖고 있다.

① 원하는 잠재 고객을 효과적으로 공략할 수 있다

광고廣告는 '널리 알린다'는 의미인데, 제품과 서비스가 희소했을 시절에 나온 단어다. 제품과 서비스를 여기저기 알리다 보면 지나가는 사람이 우연히 광고를 보고 제품을 구매하게 된다.

1만 명의 사람들이 광고를 보고 10명만 제품을 구매할 수도 있다. 이처럼 전통적인 광고는 소수의 잠재 고객을 확보하기 위해 관련성 없는 다수의 사람에게 보여줘야 한다.

하지만, 온라인 마케팅은 사용할 수 있는 모든 광고비를 잠재 고객에게 집중함으로써 최대한의 광고 효과를 얻을 수 있다.

② 데이터 기반의 의사결정이 가능하다

온라인 마케팅은 숫자와 데이터에 기반한다. 그래서 이벤트 기획에서부터 결과 분석까지 실시간으로 확인할 수 있다.

예를 들어, 이번 이벤트를 통해 매일 1천 명의 신규 구독자를 목표로 했는데, 실제로 매일 800명 정도 구독했고 주말에는 1,200명 정도 더 구독했다는 수치를 매일 확인할 수 있다. 그리고 주말에 목표 대비 200명 더 늘어난 이유를 분석한다면 주중에도 더 많은 구독자를 모을 수 있다.

그리고 인스타그램, 페이스북, 스레드 등 광고가 집행된 온라인 매체 중에서 어떤 매체가 가장 효과적인지 파악해서 광고비를 한곳에 집중할 수 있다.

❗ POINT ⌄

온라인기술
광고비 총액보다 매출을 일으키는 고객 1인을 확보하기 위한 1인당 광고비를 파악해야 한다.

효과적인 매체
네이버, 구글, 유튜브, 인스타그램, 페이스북, 인터넷 언론 등 모든 온라인 매체

애나 어른이나 관심 끌기에는 '숏폼'이 최고

30초 안에 승부를 보는 법

최근 온라인 콘텐츠의 대세는 숏폼이다.

숏폼은 이름 그대로 짧은 콘텐츠 포맷을 말하는데, 30초에서 1분 정도의 동영상 콘텐츠다. 현재 우리 국민의 약 75%가 숏폼 콘텐츠를 시청한 적 있고, 특히 18~29세 젊은 층은 약 93% 이상 이 숏폼을 시청한 적 있다. 숏폼 콘텐츠는 연령에 상관없이 인기를 끌고 있다. 60세 이상 연령층에서도 59%가 이미 숏폼 콘텐츠를 봤다고 한다.[1]

숏폼은 '틱톡'이라는 숏폼 플랫폼을 통해 크게 유행하기 시작했다. 중국에서 시작한 틱톡은 미국과 유럽 등 전 세계에서 선풍적인 인기를 끌었다. 그러자 주요 SNS 미디어들은 저마다 숏폼 형태 서비스를 제공하기 시작했다. 플랫폼이 늘어나면서 숏폼의 인기는 더욱 커지고 있다.

숏폼이 대세 중의 대세 콘텐츠가 된 이유는 무엇일까?

무엇보다 재미있기 때문이다. 숏폼은 짧다. 기승전결을 갖춘 하나의 스토리를 구성하고 전달하기에 1분 남짓한 숏폼은 너무 짧다. 하지만 짧기 때문에 큰 파괴력을 지닌다. 1분 안에 밀도 높고 재미있는 콘텐츠를 제공하고, 시청자들은 마치 팝콘 먹듯이 가볍게 즐긴다. 기승전결 구조를 찾는 사람은 없다. 그저 보면서 피식피식 웃는다. 그게 숏폼을 보는 목적이다.

숏폼은 미디어 전파 방식도 혁신하고 있다.

페이스북, 인스타그램 등의 소셜 미디어는 친구 추천, 팔로워, 팔로잉 등의 방식으로 재미있는 콘텐츠가 확산되고 재생산되었다.

하지만 숏폼은 알고리즘 추천 방식으로 콘텐츠가 퍼져나간다. 유튜브에서 숏폼의 알고리즘에 빠져들면 몇십 분이 순식간에 지나간다. 숏폼 플랫폼들은 시청자의 취향 및 지난번 시청했던 콘텐츠의 패턴에 기반해서 유사한 내용의 숏폼을 계속 보여준다. 취향을 제대로 저격한 숏폼에 노출되면 어지간해서는 보는 걸 멈출 수가 없다.

숏폼의 또 다른 매력은 시청자의 참여가 쉽다는 점이다.

별도의 장비도 필요 없다. 스마트폰과 적당한 마이크 하나만 있으면 누구나 숏폼을 만들어서 스타가 될 수 있다.

2023년 공중에 뜬 것처럼 보이는 슬릭백 댄스를 선보인 동영상은 영상 공개 나흘 만에 1억 7천만 뷰를 달성했다.[2] 슬릭백 동영상 역시 친구가 스마트폰으로 촬영한 것이었다.

시청자들의 참여가 쉽다는 점은 유행하는 숏폼을 자신들의 취향에 맞게 다시 재생산할 수 있게 해준다. 슬릭백 댄스 영상이 크게 인기를 얻자, 많은 사람이 슬릭백을 주제로 숏폼을 제작해서 여기저기 플랫폼에 올렸다. 많은 사람이 참여할수록 알고리즘의 신에게 간택 받을 가능성은 더 높아진다.

숏폼이 인기를 얻자 숏폼을 활용한 온라인 광고 역시 크게 증가했다.

'무신사'는 자사의 어플에 숏TV라는 코너를 신설하고 숏폼 형태의 광고를 제공하고 있다. '쿠팡' 역시 숏폼 형식의 광고를 소개하고 있다. 중고 거래를 하는 '당근' 역시 당근 이용자가 동네에 있는 상점을 1분 남짓한 시간 동안 소개하는 당근스토리라는 숏폼 코너를 갖고 있다.

작은 카페나 공방을 운영하는 사장님들도 숏폼을 활용할 수 있다. 카페에서 일어나는 재미있는 에피소드 혹은 공방에서 작업하는 모습을 짧게 편집해서 올리기만 해도 소비자의 반응을 얻을 수 있다.

숏폼은 계속 진화하고 있다. 단순히 재미만 있는 콘텐츠에서 벗어나 브랜딩과 광고를 위한 좋은 미디어로 발전하고 있다.

좋은 아이디어와 스마트폰 한 대만 있으면 누구든 1억 뷰를 달성할 수 있는 시대가 열렸다.

! POINT ⌄

온라인기술
숏폼은 짧은 콘텐츠와 재미를 추구하는 온라인 세대를 위한 최고의 포맷이다. 단순히 재미 요소뿐 아니라 브랜딩과 광고를 위해서도 적절히 활용할 수 있다.

효과적인 매체
틱톡, 인스타그램, 유튜브, 페이스북, 그리고 자사 홈페이지와 어플

SNS별 숏폼의 차이점만 알아도 매출이 오른다

릴스, 쇼츠, 틱톡의 특성

드디어 숏폼 동영상의 제작을 끝마쳤다. 재미와 정보를 모두 담은 숏폼이 공개되는 순간 나의 브랜드는 가장 핫한 브랜드가 될 것 같다. 하지만, 막상 숏폼을 업로드 하려고 하니 숏폼 플랫폼이 한두 개가 아니다.

숏폼에 특화된 '틱톡', 유튜브 안에 있는 '쇼츠', 인스타그램의 '릴스', 그리고 네이버의 '클립' 등 다양한 미디어와 플랫폼들은 경쟁적으로 숏폼 서비스에 힘을 모으고 있다.

물론 제작한 숏폼을 모든 온라인 플랫폼에 올릴 수도 있다. 하지만, 시간과 노력을 절약하고 더 큰 효과를 얻기 위해서는 숏폼 플랫폼 간의 특성을 이해하고 나에게 맞는 플랫폼을 선택하는 것이 좋다.

어느 곳에 올려야 최고의 효과를 얻을까?

① 먼저, 숏폼의 대명사인 '틱톡'을 알아보자

틱톡은 숏폼과 함께 성장한 플랫폼답게 모든 기능이 숏폼에 특화되어 있다. 편리한 편집 기능 및 다양한 필터, 그리고 강력한 숏폼 알고리즘을 갖고 있다. 따라서 숏폼 한 가지로 승부를 보겠다면 틱톡은 좋은 선택이 될 수 있다. 다만 틱톡 안에는 이미 많은 유사 콘텐츠들이 있기 때문에 알고리즘의 선택을 받기 어렵고, 한국에서 인지도가 상대적으로 낮다는 단점이 있다.

② 유튜브는 '쇼츠'라는 숏폼 서비스를 제공한다

유튜브 쇼츠는 유튜브 동영상들과 자연스럽게 연계되는 장점이 있다. 예를 들어, 흔히 롱폼이라고 불리는 10분 분량의 광고 동영상을 만들고, 이를 60초 미만의 숏폼 형태로 재편집해서 쇼츠로 업로드할 수 있다. 쇼츠를 보고 제품에 관심이 생기면 연계된 원본 광고 동영상으로 자연스럽게 전이될 수 있다.

따라서 광고라는 관점에서 유튜브 쇼츠는 무시할 수 없다. 또한, 유튜브는 다양한 연령층이 보고 있기 때문에 폭넓은 시청자를 확보할 수 있다.

③ 인스타그램의 '릴스'는 20~30대를 효과적으로 공략한다

감각적 이미지와 트렌드에 집중하는 브랜드라면 인스타그램 릴스를 우선적으로 고려하면 좋다. 인스타그램의 피드와 스토리에 연계되어 있기 때문이다. 다만 숏폼 알고리즘만 놓고 본다면 틱톡과 유튜브 쇼츠에 비해 약할 수 있다.

④ 네이버 역시 '클립'이라는 숏폼 전용 채널을 갖고 있다

클립은 다른 숏폼 플랫폼에 비해 후발 주자이지만, 네이버의 쇼핑, 플레이스, 검색 등과 끊김 없이 연계된다는 장점을 갖고 있다. 네이버 스마트 스토어에 제품을 입점했다면 네이버 클립을 활용해 광고 효과를 키울 수 있다.

 POINT

온라인기술
장단점을 정확히 분석해야 가장 효과적인 플랫폼을 선택할 수 있다.

효과적인 매체
틱톡, 인스타그램 릴스, 유튜브 쇼츠, 네이버 클립 등 다양한 숏폼 플랫폼

말 한마디 없는 숏폼으로 640만 리뷰 달성하는 법

숏폼을 위한 다양한 아이디어들

숏폼의 인기는 당분간 계속될 것이다.

그런데, 숏폼을 즐기는 것과 만드는 것은 완전히 다른 일이다. 특히 온라인 마케팅을 처음 시작했을 때는 단 1분짜리 짧은 동영상을 제작하는 것도 쉽지 않다. 그래서 이번에는 숏폼을 최대한 쉽고 간단하게 제작하는 법을 알아보자.

숏폼을 제작할 때 제일 먼저 할 일이 있다. 바로 무조건 재미있어야 한다는 편견을 버리는 것이다.

숏폼의 핵심 가치는 재미있다는 점이다. 하지만 모든 제품과 서비스가 재미를 추구할 수는 없다.

숏폼의 목적은 자신의 제품과 서비스를 소비자들에게 알리는 것이다. 짧고 재미있는 연출은 제품을 알리기 위한 수단일 뿐이다. 종종 목적과 수단이 어긋난 영상을 볼 수 있는데, 이들 영상은 억지웃음은 주지만 제품은 보이지 않는다. 무조건 재미있어야 한다는 편견만 버려도 훨씬 다양한 숏폼 아이디어들이 나온다.

대표적인 사례가 최근 유행하는 '침묵의 리뷰'라는 형식의 숏폼이다. '침묵의 리뷰'는 짧은 동영상이라는 점을 제외하고 기존 숏폼과는 완전히 다르다. 일단 제품을 보여줄 때 들리는 자연스러운 소리, 예를 들어 지퍼 여닫는 소리를 제외하고 다른 소리는 들리지 않는다. 침묵 속에서 리뷰를 하는 주인공 역시 표정과 손가락 동작으로 의견을 표시한다. 아무리 찾아봐도 재미 요소는 없다. 하지만 이들 침묵의 리뷰는 동영상 업로드 후 며칠 만에 640만 리뷰를 달성했다.[3]

갓 내린 커피를 서빙하는 모습, 고객에게 택배로 보낼 제품을 정성스럽게 포장하는 뒷모습, 직원들끼리 아이디어를 고민하는 진지한 모습 등도 숏폼의 소재가 될 수 있다. 다만 전달하려는 메시지를 잘 보여줄 수 있어야 한다. 조용한 숏폼을 보면서 브랜드에 대한 호감도를 올리고, 궁극적으로 브랜드가 자연스럽게 홍보될 수 있도록 기획되어야 한다.

또 다른 팁은, 이미 보유하고 있는 동영상들을 편집하는 것이다. 별도의 촬영장비를 갖추고 새로 촬영하는 것은 시간과 비용이 들어간다. 갖고 있는 동영상 중에 쓸 만한 것이 있는지 다시 한번 살펴보자. 재미있는 부분들을 추려서 편집하면 된다. 편집 과정에서 사운드나 자막을 재미있게 추가만 해도 멋진 숏폼으로 변신한다.

또한, 크몽이나 숨고 등 외주 사이트를 잘 활용하면 실력 있는 편집자들을 합리적인 가격에 만날 수 있다.

숏폼은 짧은 동영상을 통해 전달하고자 하는 메시지를 효과적으로 전달하는 것이다. 웃음과 재미는 이를 위한 수단이다.

❗ POINT ⌄

온라인기술
숏폼은 무조건 재미있어야 한다는 생각을 버리는 순간, 다양한 아이디어들을 얻을 수 있다.

효과적인 매체
틱톡, 인스타그램 릴스, 유튜브 쇼츠, 네이버 클립 등 다양한 숏폼 플랫폼

이왕 제품을 보여주려면 최대한 뻔뻔하게

효과적인 제품 PPL의 기술

온라인에서 행해지는 PPL을 살펴보자.

유튜브 스케치 코미디 채널 숏박스(약 320만 구독자)는 10분 남짓한 짧은 코미디 동영상으로 유명하다. 숏박스의 동영상을 보면 특정 제품 혹은 카페 등이 노출된다. 소개팅을 소재로 한 동영상에는 메가커피가, 홈쇼핑을 다루는 영상에는 질레트 면도기가 등장한다. 동영상에서 제품을 보여준다는 점에서는 PPL이다.

하지만 텔레비전과 영화의 PPL과 비교하면 뻔뻔할 만큼 당당하게 제품을 노출한다. 아무리 무심한 시청자라도 제품 광고라는 것을 모를 수가 없다.

온라인 마케팅에서 PPL은 이미 직접 광고와 경계를 허물고 있다. 세계 최고의 유튜버 미스터비스트의 영상에는 피스터블 초콜릿이 계속 등장한다. 유튜버 랄랄은 자신의 신혼집을 보여주는 유튜브 동영상에서 지누스 침대 매트리스를 공개적으로 보여준다. 이제는 동영상을 기획하고 동영상에 적합한 광고주를 찾는 것이 아니라, 광고주를 먼저 정한 후에 동영상을 기획하는 시대가 되었다.

온라인 광고에서 PPL이 유행한 이유는 크게 2가지다.

첫 번째는 공중파 대비 PPL에 대한 규제가 약하다는 점이고,

두 번째는 광고 효과가 더 강력하기 때문이다.

온라인 마케팅의 장점은 강력한 소비자 타겟팅이 가능하다는 점이다. 유튜브 채널별로 특정 취향과 연령 등을 공유하는 구독자들이 모여 있다. 이들이 좋아하는 동영상에 광고를 적절히 녹여내면 시청자들은 자연스럽게 제품을 기억하게 된다.

숏폼과 같은 동영상은 짧은 만큼 강력한 시청자 흡입력을 자랑한다. 정신없이 웃고 즐기면서 동영상을 보기 때문에 어중간하게 제품을 보여줘서는 안 된다. 뻔뻔할 만큼 광고하는 제품이 전면에 나서야 한다.

온라인 PPL의 뻔뻔함은 개인이 작게 시작하는 카페 혹은 제품

에도 동일하게 적용된다. 일상을 자연스럽게 보여주는 브이로그 Vlog를 찍건 제품 홍보 동영상을 보여주건 상관없다. 어떤 경우든 제품과 매장을 전면에서 내세워서 소비자들에게 한 번이라도 더 노출시켜야 한다.

"이건 너무 뻔한 광고 아니야?"

이런 식으로 소비자들이 동영상을 무시할까 걱정할 필요는 없다. 동영상만 좋다면 시청자들은 영상을 끝까지 시청한다. 물론 동영상은 짧을수록 좋다.

온라인 PPL은 강력하다. 꼭 유명한 연예인 혹은 유튜버에게 PPL을 의뢰할 필요는 없다. 자신의 운영하는 유튜브나 인스타그램 계정에 자연스럽게 브랜드와 매장 등을 녹여내면 된다. 비록 광고와 PPL의 경계가 많이 허물어졌지만, 최대한 주어진 상황과 맥락 속에서 브랜드를 보여주도록 해보자.

! POINT ⌄

온라인기술
온라인 PPL를 한다면 다소 뻔뻔할 만큼 브랜드를 노출해야 한다. 다만 노출되는 상황만큼은 자연스러운 맥락이 필요하다.

효과적인 매체
유튜브, 인스타그램, 페이스북 등 동영상 및 숏폼 플랫폼

광고 유형별로
꼭 알아두어야 할 것들

온라인 마케팅을 처음 시작할 때 어려움은 용어가 생소하다는 점이다. CPC, CPM, CPA, SEO, SERP 등 영어 약자가 많고, 개별 단어의 뜻은 알겠지만 조합해서 어떤 의미를 지니는지 알 수 없는 경우가 많다.

하지만 걱정할 필요 없다. 온라인 마케팅의 단어들은 한두 가지 단어들만 익숙해지면 나머지 단어들을 쉽게 이해할 수 있다.

먼저 CPC, CPM, CPA 등 C자로 시작하는 단어들이 있다. 첫 번째 알파벳인 C는 무엇을 의미할까? 바로 코스트Cost다.

CPC는 클릭당 비용Cost Per Click을 말하는데, 광고를 클릭할 때마다 광고비를 내는 방식이다. CPM^{Cost Per Mille}은 광고가 소비자에게 1,000번 노출될 때마다 비용을 지불한다. CPA^{Cost Per Action}는 광고가 원하는 행동^{Action}, 즉 시청자가 사이트 방문, 구매 등의 행동을 완료하면 비용을 지불한다.

이외에도 C로 시작하는 많은 단어는 특정 조건을 만족할 때마다 광고비를 지불한다는 의미다.

CPA, CPC, CPM 등이 중요한 이유는 어떤 조건을 선택하느냐에 따라 광고 방식과 비용 책정 방식이 결정되기 때문이다.

- CPC : 온라인 광고를 선택하면 잠재 고객들이 최대한 많이 광고를 클릭할 수 있어야 한다.

- CPM : 최대한 많은 사람이 광고를 볼 수 있어야 한다. 네이버의 디스플레이 광고가 이에 해당한다.

- CPA : 광고비 단가가 비싸다. 사람들이 단순히 광고를 봤다고 돈을 내지는 않지만, 더 어려운 과제 즉 제품 구매 혹은 회원 가입을 할 경우에 광고비를 내야 한다. 과제가 어려운 만큼 CPA 광고는 더 비싼 광고비를 요구한다.

구체적으로 행동하게 하는 3가지 원칙은?

콜 투 액션CTA 활용 기법

온라인 마케팅에는 알파벳 C로 시작하는 또 다른 단어가 있다. CTA라는 단어인데, 여기서 C는 코스트Cost가 아니다. CTA는 콜 투 액션Call To Action을 의미한다. '행동을 요청하다' 정도의 뜻이지만, 온라인 마케팅 분야에서는 '콜 투 액션'이라고 말하는 게 일반적이다.

콜 투 액션CTA이라고 하면 조금 낯설지만, 일상에서 정말 자주 볼 수 있다. 대표적인 예는 유튜브의 "구독을 눌러주세요"라는 버튼이다. 또한, 이메일에서 PDF 파일이 필요하면 "PDF 다운로드를 눌러주세요"도 해당한다.

CTA는 온라인 광고를 본 사람들의 특정 활동을 유도하는 버튼, 링크, 문구와 문장 등을 가리킨다. CTA가 온라인 광고에서 중요한 이유는 광고를 단순히 보는 것에 그치지 않고 광고주가 원하는 구체적 결과를 유도할 수 있기 때문이다.

아날로그 광고에서는 우리가 광고를 본 후에 직접적으로 할 수 있는 활동이 제한적이다. 광고를 통해 마음에 드는 제품이 있으면 노트 한구석에 메모하거나, 홈쇼핑을 보면서 전화를 하는 것 외에는 방법이 없다.

하지만 온라인 마케팅은 다르다. 광고를 보여주면서 바로 자신이 원하는 활동을 할 수 있다. 온라인 광고 속의 제품이 마음에 들면 바로 구매 버튼을 클릭해서 제품을 살 수도 있고, 마음에 드는 유튜브 계정을 바로 구독할 수도 있다.

CTA는 이런 구체적 활동을 가능하게 해준다.

즉, 제품 구매, 구독 및 회원 가입, 무료 체험, 어플 다운로드, 무료 상담 예약, 소셜 미디어 콘텐츠 공유 등 다양한 활동들을 유도할 수 있다. 하지만 CTA를 위한 버튼 혹은 링크가 있다고 해서 무조건 성공하는 것은 아니다.

성공적인 CTA를 위해서는 3가지를 고려해야 한다.

① 구체적인 동사를 활용한다

'지금 가입하세요', '지금 클릭하세요' 등처럼 행동과 연계되는 동사를 사용하면 좋다.

② 눈에 잘 띄어야 한다

CTA를 유도하는 버튼은 화면에서 가장 잘 보이는 곳에 배치하거나 화면색과 강하게 대비되는 색상을 사용해서 가시성을 높인다. 또한, 간결하고 강한 어조의 문장 혹은 단어를 사용한다. 짧고 명확한 단어들을 활용해서 쉽게 이해할 수 있어야 한다.

③ CTA와 제일 잘 어울리는 온라인 광고 요금제는 CPA, 즉 액션에 따른 광고비^{Cost Per Action}이다

CPA와 CTA를 항상 같이 기억하면 좋다.

❗ POINT ◇

온라인기술
짧지만 강력한 CTA 버튼을 통해 원하는 목적을 달성하자.

효과적인 매체
홈페이지, 랜딩 페이지, 네이버 광고, 구글 광고, 유튜브, 인스타그램, 페이스북, 틱톡

황금 키워드를 찾아라.
고객이 제 발로 찾아온다

키워드 광고를 잘하는 법

"며칠 전 친구가 알려준 맛집 이름이 뭐였더라?"

"회사 동료가 입고 왔던 재킷 브랜드가 뭐였더라?"

"새 텀블러를 사고 싶은데, 어떤 브랜드가 좋을까?"

누구나 이런 경험이 있다. 이런 경우에 고객들은 스마트폰을 열고 네이버나 구글을 검색한다. 그리고 생각나는 단어 몇 가지를 검색창에 입력하고 제품을 찾는다. 정확한 단어를 입력하면 원하는 결과를 바로 알게 되지만, 대부분 자신이 원하는 결과를 얻기까지 여러 번 검색 작업을 하게 된다.

'만약 고객들이 단 한 번의 검색으로 내 제품 혹은 내 매장을 찾을 수 있다면 얼마나 좋을까?'

이처럼 온라인 마케팅에서 검색을 통해 제품과 브랜드 등을 찾는 활동을 키워드 광고 혹은 검색 광고라고 한다. 키워드 광고는 특정 키워드와 연관되거나 관계된 제품과 브랜드를 네이버 검색 결과의 최상단에 올려준다. 당연히 고객들은 제일 처음 보여지는 몇몇 검색 결과를 우선적으로 살펴본다.

따라서 나의 제품과 매장을 잘 보여줄 수 있는 '황금 키워드'를 찾아서 키워드 광고를 해야 한다.

하지만 키워드 광고에서 실제로 사용할 수 있는 인기 키워드들은 유한하고 가격이 비싸다. 나에게 탐스러운 키워드는 경쟁자들 역시 똑같이 노리고 있기 때문이다. 키워드는 범용적이고 대표성이 높을수록 단가가 높아진다.

예를 들어, 홍대 앞에 수제 어묵이 들어간 마라탕집을 새로 오픈했다. 매장을 광고하기 위해 키워드 광고를 하려고 한다. 하지만, '마라탕'이라는 키워드는 이미 무수히 많은 마라탕집에서 선점했을 것이다. 키워드 두 개를 조합해서 '홍대 마라탕'이라고 해도 만만찮다. 여차하면 키워드 광고에 광고비만 날릴 수도 있다. 그럼 어떤 '황금 키워드'가 필요할까?

- 제품과 매장이 속한 카테고리를 반영 (예 마라탕)
- 제품과 매장의 차별적 특성을 반영 (예 수제 어묵)
- 제품과 매장의 위치를 반영 (예 홍대)

고객이 '수제 어묵 마라탕' 혹은 '홍대 어묵 마라탕' 등의 키워드로 검색한다면, 이번에 새로 홍대에 오픈한 마라탕 가게가 최우선으로 검색될 가능성이 높아진다. 당연히 그냥 '마라탕'으로 키워드 광고를 할 때보다 광고비를 절약할 수 있다.

'황금 키워드'를 선정했다면 이제부터 '황금 키워드'를 온라인뿐만 아니라 오프라인에서도 적극적으로 활용해야 한다.

예를 들어, '수제 어묵 마라탕'이라는 표현을 자신의 인스타그램과 네이버 플레이스 등에 적극적으로 사용하고, 매장에 방문한 고객들이 활발하게 입소문을 낸다.

❗ POINT ⌄

온라인기술
광고하는 제품과 매장의 개성을 잘 보여주는 키워드를 찾아보자.

효과적인 매체
네이버, 구글, 유튜브, 인스타그램, 페이스북 등 검색 기능이 있는 대부분의 온라인 매체

방문객이 적극 행동하게 하는
강력한 한 방

랜딩페이지와 홈페이지의 차이점

매력적이고 정보가 풍부한 홈페이지는 기본 중의 기본이다.

유명한 브랜드들은 많은 예산을 투입해서 멋지고 트렌디한 홈페이지를 제작한다. 하지만 온라인 마케팅을 할 때면 홈페이지 외에 또 다른 페이지가 필요하다. 바로 '랜딩 페이지'다.

랜딩 페이지는 글자 그대로 고객이 특정 온라인 마케팅을 통해 최초로 도달하는 페이지를 말한다. 마치 비행기가 하늘에서 여기저기 떠돌다가 마침내 한곳에 착륙Landing해서 정착하는 것과 같다.

랜딩 페이지와 홈페이지는 얼핏 보면 매우 유사하다. 특정 브랜드를 위해 만들어진 인터넷 사이트이고, 전체 디지인도 유사한 경우가 많다. 그래서 종종 랜딩 페이지를 홈페이지의 하위 영역 이라고 생각하는 경향도 있지만, 성격이 전혀 다르다.

랜딩 페이지는 앞에서 말한 콜 투 액션^{CTA}과 연계되어 제작되는 경우가 많다.

예를 들어, 신제품을 출시했다고 하자.

인스타그램과 유튜브 등에 신제품을 홍보하는 숏폼을 제작해서 업로드 했다. 당연히 제품 사이트로 유도하는 CTA 버튼을 숏폼 구석구석에 배치했다. 숏폼을 보다가 제품에 흥미가 생긴 소비자가 CTA 버튼을 클릭 하면 열리는 화면이 랜딩 페이지다. 랜딩 페이지는 숏폼의 이미지와 느낌을 전달하면서 제품에 대한 상세 정보를 제공한다. 랜딩 페이지의 어느 한구석에는 제품 구매를 유도하는 또 다른 CTA 버튼이 있다.

랜딩 페이지와 홈페이지는 브랜드를 대표한다는 점에서 유사해 보인다. 하지만, 랜딩 페이지는 철저하게 프로모션 혹은 마케팅 관점에서 활용된다. CTA를 통해 신제품 정보를 제공하거나 할인 이벤트 혹은 회원가입 혜택을 알려주는 목적으로 사용된다.

그런데 이미 많은 돈을 들여서 홈페이지를 만들었는데, 왜 번 거롭게 별도의 랜딩 페이지를 만드는 걸까?

그 이유 역시 홈페이지에 이미 많은 돈을 사용했기 때문이다.

홈페이지는 글자 그대로 브랜드의 집이자 얼굴이다. 일단 만들어진 홈페이지는 브랜딩 정책이 바뀌기 전에는 거의 바꾸지 않는다.

하지만, 온라인 마케팅은 항상 트렌드와 마케팅 전략에 따라 유연하게 변화한다. 그렇다고 신규 프로모션 때문에 브랜드의 근간인 홈페이지를 바꿀 수는 없다. 차라리 전술적으로, 가볍고 효과적인 프로모션 사이트를 만드는 것이 효과적이다. 이때 필요한 것이 바로 '랜딩 페이지'다.

랜딩 페이지는 마케팅 캠페인 및 CTA와 끊임없이 연계되어 제작되어야 한다. 붉은색 배경 속에서 유명 인플루언스가 등장하는 숏폼을 제작했다면, 랜딩 페이지 역시 동일한 디자인을 유지한다. CTA 버튼 역시 마케팅 캠페인에 참여할 것을 유도해야 한다. 마케팅 캠페인과 CTA, 그리고 랜딩 페이지가 일관된 디자인과 UX를 전달해야 소비자들은 브랜드에 대해 호감을 갖게 된다.

랜딩 페이지는 캠페인에 따라 필요할 때 만들고 필요 없어지면 삭제하게 된다. 캠페인이 끝난 후에도 여전히 살아있다면 기업이 무관심하다는 걸 보여준다. 랜딩 페이지는 전술적으로 신속하게 만들고, 목적을 다하면 바람처럼 없어져야 한다.

작은 걸 부탁해야
큰 것도 들어준다

풋 인 더 도어 전략

무더운 여름이다. 무거운 가방을 멘 낯선 남자가 문을 두드린다. 살짝 문틈을 열고 살펴보니, 필요 없는 물건을 파는 영업사원이다. 서둘러 문을 닫으려고 하는데, 남자가 슬쩍 발끝을 문 안쪽으로 밀어 넣으면서 말한다.

"물건은 안 사셔도 좋습니다. 하지만, 더워서 그런데 물 한 잔만 주실 수 있을까요?"

한 시간 후, 남성은 필요 없다던 물건들을 한가득 팔고 유유히 집을 나선다.

한 영업사원의 기막힌 영업 기술에 대한 이야기다. 여기서 포인트는 영업사원이 슬쩍 문틈에 발을 넣으면서 작은 부탁을 했다는 점이다. '물 한 잔 정도는 괜찮겠지'라고 생각하는 순간, 영업사원에 대해 심리적 무장해제 상태가 되었다. 심리학에서는 이런 현상을 '풋 인 더 도어Foot In The Door' 기법이라고 한다.

이 기법의 핵심은 부담스럽지 않은 작은 요청을 먼저 건네는 것이다. 작은 요청을 한 번 수락하게 되면, 상대방이 점차 조금씩 큰 부탁을 하더라도 모두 수락하게 된다. 물 한 잔이 어느덧 불필요한 물건 구매로 이어진 것처럼 말이다.

풋 인 더 도어 기법은 심리학과 오프라인 영업에서만 사용되지 않는다. 온라인 마케팅과 광고에서도 자주 활용되고 있다. 대표적인 예가 무료 구독 혹은 30일 무료 체험과 같은 이벤트다.

OTT 혹은 구독 서비스에서 자주 사용하는 방법이다.

처음에는 무료로 한번 체험해 보라고 유혹한다. 무료 쿠폰도 보내주고, 귀여운 이모티콘도 제공한다. 무엇보다 언제든지 해지할 수 있다는 문구도 잊지 않는다.

언제든 해지가 가능한 무료 구독 혹은 무료 체험이라는 말에 일단 구독 신청을 해본다. 막상 이용해 보니 꼭 필요한 서비스는 아니다. 하지만 아직 무료 기간이 남았으니 며칠 후에 해지하려고 한다.

슬슬 해지할 때가 다가오자, 메시지가 하나 뜬다. 이번에 무료 구독하신

분에 한하여 3개월 할인 쿠폰을 준다고 한다. 파격적인 금액에 고민을 하고, 또다시 '상시 해지 가능'이라는 말에 흔들린다. 어느 순간 온갖 종류의 OTT 서비스에 다 가입되어 있는 나 자신을 발견하게 된다. 무료 구독으로 시작된 결과다.

온라인에서 보여지는 풋 인 더 도어 기법은 불필요한 제품과 서비스를 구매하게 하는 영업 기술처럼 보인다. 하지만 무수히 많은 경쟁을 뚫고 제품을 광고하고 판매해야 하는 입장에서는 매력적인 기법이다.

비록 결과를 맺기까지 다소 시간이 걸리겠지만, 큰돈을 쓰지 않더라도 신규 고객을 발굴하고 계속 유지할 수 있다는 장점이 있다.

또 다른 방법은 신제품과 관련된 숏폼을 친구들에게 공유하라는 요청이나, 온라인 쿠폰을 갖고 매장에 방문만 해도 쿠키를 준다는 메일처럼 다양한 형태로 사용할 수 있다.

이때 중요한 것은 소비자가 부담없이 실행할 수 있는 정도의 요청을 하는 것이다. 스마트폰에 별도의 어플을 깔라고 하거나 우선 선불 적립금을 지불하라는 등의 부담스러운 조건은 아무리 혜택이 크더라도 성공하기 어렵다.

풋 인 더 도어 기법을 사용할 때는 전략적인 관점에서 다음 단계를 미리 설계하고 들어가면 좋다. 처음에는 30일 무료 체험, 그다음에는 첫 3개월 80% 할인, 그다음에는 6개월 50% 할인 등 고객과의 협상 내용을 미리 준비하고 있어야 한다.

문지방에 발을 밀어 넣는 작은 행동 하나에도 전략적 지혜가 숨어 있다.

❗ POINT ⌄

온라인기술
'풋 인 더 도어' 기법은 적은 비용으로 시작해서 고객을 안정적으로 확보할 수 있는 좋은 기법이다.

효과적인 매체
이메일, 네이버 광고, 구글 광고, 유튜브, 인스타그램, 페이스북, 틱톡, 브랜드 홈페이지

마케팅 절대 원칙,
사람은 숫자에 약하다

좋아요 & 구독자 수의 비밀

숫자에는 힘이 있다. 숫자로 무언가를 설명하면 왠지 모를 신뢰감이 든다. '세계적인 가수'라는 표현보다 '빌보드 랭킹 1위'라는 말이 더 구체적이고, '세계 최고의 기타리스트'라는 말보다 '세계 3대 기타리스트'라고 말해야 실력을 확실하게 믿을 수 있다.

마케팅에서도 마찬가지다. '고객이 사랑하는 브랜드'라는 표현보다는 '브랜드 파워 3년 연속 1위'라는 표현을 더 신뢰할 수 있다. 이처럼 숫자는 브랜드에 대한 막연한 이미지를 신뢰할 수 있는 사실로 변환시키는 힘을 갖고 있다. 온라인 마케팅에서는 '좋아요'와 '구독자' 수가 이러한 역할을 대신한다.

SNS에서 동영상이 시작되기 전에 '좋아요와 구독 신청은 사랑입니다'와 같은 멘트를 볼 수 있다.

좋아요와 구독자 수는 유튜버와 동영상에 대한 소비자들의 신뢰와 믿음을 상징한다. 이 숫자들이 높을수록 더 믿을 수 있고 재미있는 계정이라는 것을 의미한다. 그리고 이 숫자들이 쌓일수록 유튜버의 수익은 증가한다.

이러한 숫자는 SNS에만 적용되는 것은 아니다. 네이버 플레이스에 있는 카페나 식당의 리뷰 숫자와 배민에 있는 별점 역시 같은 역할을 한다. 리뷰가 많고 별점이 많을수록 신뢰가 간다.

온라인 세상은 오프라인과 달리 현장에서 직접 만지고 체험할 수 없다. 그래서 숫자를 통해 간접 체험을 하게 된다. 좋았던 경험이 알찬 숫자로 쌓인다면 고객들은 매출이라는 숫자로 보답할 것이다.

! POINT ↕

온라인기술
구독자 수, 카페 리뷰 수, 배민 별점 등의 숫자를 철저히 관리해야 한다. 온라인에서 보이는 숫자는 고객에게 간접 체험의 기회와 동일한 효과다.

효과적인 매체
네이버 플레이스, 다음 지도, 배민, 야놀자, 여기어때, 유튜브, 인스타그램 등 평점 서비스가 있는 모든 플랫폼

광고 전에
사전 테스트를 해본다

성공 가능성을 높이는 그로스 해킹

이번 봄에 출시되는 화장품을 위한 디스플레이 광고를 준비 중이다. 화사한 봄에 맞는 밝은 핑크색 립스틱과 강한 느낌을 주는 핫핑크. 두 가지 제품 중에서 어떤 제품을 먼저 광고하면 좋을지 고민이다. 내심 핫핑크를 선호하지만, 마케팅 팀에서는 밝은 핑크색을 권한다.

사장의 감을 믿을 것인가? 혹은 마케팅 전문가를 믿을 것인가? 정답은 소비자를 믿는 것이다. 당연한 말이다. 하지만 어떻게 해야 광고를 하기 전에 소비자의 의견을 알 수 있을까? 돈과 시간을 들여서 소비자 조사를 할 만한 여유는 없다.

이때 온라인 마케팅에서는 돈과 시간을 아끼면서 소비자의 의견을 확인할 수 있다. 바로 '그로스 해킹' 방식을 이용하면 된다.

그로스 해킹은 스타트업에서 시작된 방식이었다. 스타트업 특성상 빠른 성장(그로스)를 달성하기 위해 소비자의 마음을 효과적으로 알아내야 한다(해킹).

봄에 출시되는 화장품의 광고에도 그로스 해킹을 적용할 수 있다. 최종 온라인 광고를 제작하기 전에 밝은 핑크와 핫핑크를 각각 사용한 임시 온라인 광고를 제작한다. 그리고 준비 중인 광고에서 제품 이미지만 교체하면 된다.

이제 임시로 며칠 정도 두 가지 버전의 광고를 교대로 노출시킨다. 그리고 어떤 광고가 더 효과적인지를 분석한 후, 최종 광고에 들어갈 제품을 고르면 된다.

이처럼 그로스 해킹은 매우 단순하고 직관적이다. 기업이 중요한 의사결정을 할 때 소비자의 의견을 빠르게 확인하고 반영할 수 있다는 장점이 있다.

그렇다고 단순한 소비자 조사라고만 생각하면 효과가 반감된다. 도입할 때부터 조사의 목적과 결과 지표를 설정해야 한다. 핫핑크와 밝은 핑크 중에서 매출액과 광고 선호도를 기준으로 색상을 결정한다는 점을 미리 정한 후에 조사를 시작하면 좋다. 또한,

조사 결과를 바로 실행에 옮길 수 있는 체계적인 일성 관리도 필요하다.

그로스 해킹은 스타트업뿐만 아니라 소규모 브랜드, 카페, 식당 등에서도 얼마든지 활용할 수 있다. 새로운 원료를 사용한 마카롱을 개발했는데, 카페의 시그니처 메뉴로 소개할지가 고민이다. 이런 경우에는 인스타그램에 한번 슬쩍 새로운 마카롱을 올린 후 반응을 보면 좋다. 고객 접대도 힘든 매장에서 신메뉴가 어떤지 물어볼 필요가 없다.

그로스 해킹은 단순하지만 소비자의 의견을 첫 번째 판단기준으로 한다는 점에서 강력하다. 온라인 마케팅에서도 믿을 수 있는 것은 언제나 소비자뿐이다.

! POINT ≎

온라인기술
광고를 결정하기 전에 그로스 해킹 혹은 A/B 테스트 방식을 사용하자.
소비자의 의견을 따라서 손해 볼 일은 거의 없다.

효과적인 매체
네이버 광고, 구글 광고, 유튜브, 인스타그램, 페이스북

온라인이 영원히 바꾼 광고 전략의 방향은?

온라인 메시지 전략

성공적인 온라인 광고를 위한 첫 번째 준비물은 무엇일까?

눈과 귀를 사로잡는 트렌디한 크리에이티브? 당연히 필요하다. 최근 화제가 되는 인플루언서? 비싸지만, 간혹 비싼 값을 할 때도 있다. 두툼한 광고비? 광고비는 일단 많으면 좋다.

이들 모두 온라인 광고를 위한 필수 요소다. 하지만, 온라인 광고를 위한 첫 번째 단추는 바로 '온라인 메시지' 전략이다.

'온라인 메시지 전략'은 강력하고 일관된, 매출 지향적 광고를 만들기 위한 핵심 준비 활동이다.

우리는 스마트폰의 알람 소리에 잠에서 깬 후부터 나시 침대 속으로 들어갈 때까지 스마트폰과 노트북을 통해 수백, 수천 개의 온라인 광고를 접한다.

그런데 지금 당장 특별히 기억나는 광고가 있는가?

아마 없을 것이다. 우리를 둘러싼 수많은 광고 속에서 돋보이기 위해서는 나름의 전략이 필요하다. 그리고 그 전략이 '온라인 메시지' 전략이다.

온라인 메시지 전략은 기존 아날로그 시대의 메시지 전략에서 진화하였다. 아날로그 메시지 전략이 어떻게 말할 것인지와 무엇을 말할 것인지를 결정했다면, 온라인 메시지 전략은 어디에 광고할 것인지와 무엇을 말할 것인지를 결정한다는 점에서 차이가 있다.

온라인 메시지 전략이 변화한 이유는 무엇 때문일까?

아날로그 시대에는 광고할 수 있는 매체가 몇 개 없었다. 텔레비전, 신문, 잡지, 그리고 옥외 간판 등이 전부였다. 따라서 제한된 광고 매체를 활용해서 최대한 소비자의 눈길을 사로잡기 위한 차별화된 크리에이티브가 필요했다. 즉, 경쟁사와 동일한 신문에 광고해야 하니 광고의 톤앤매너Tone & Manner라도 달라야 했다.

하지만, 온라인 마케팅 세상에서는 모든 것이 변했다.

우리가 선택할 수 있는 온라인 광고 매체가 엄청나게 증가한 것이다. 네이버, 다음과 같은 포털은 다양한 광고 상품들을 제공한다. SNS만 하더라도 유튜브, 인스타그램, 페이스북, X(예전의 트위터), 네이버 밴드와 블로그 등 다양한 매체가 있다. 유튜브 안에도 무수히 많은 인플루언스와 유튜버들이 자신만의 계정을 갖고 콘텐츠를 전달하고 있다.

아날로그 시대에는 몇 개 안 되는 광고 매체를 먼저 차지하기 위해 경쟁했다면, 온라인 시대에는 광고할 수 있는 매체가 너무 많아서 문제다.

우선, 어떤 온라인 매체에 광고할지를 고민해야 한다.

매체가 정해지면 매체의 특성에 맞는 광고를 기획할 수 있다.

예를 들어, 인스타그램에 온라인 광고를 하려면 멋진 이미지 중심의 광고를 만들어야 하고, 네이버 블로그를 적극 활용하려면 설명 중심으로 광고를 준비해야 한다.

❗ POINT ⌄ ─────────────────────────

온라인기술
온라인 메시지 전략은 어디에 광고할지 그리고 무엇을 말할지를 결정하는 활동이다.

효과적인 매체
네이버, 구글, 유튜브, 인스타그램, 페이스북, 인터넷 언론 등 모든 온라인 매체

광고에서 '무엇'을 말할지
정하는 게 먼저다

오직 한 가지에 집중

온라인 메시지 전략의 핵심은 '어디에' 광고할 것인지와 '무엇'을 말할 것인지를 결정하는 것이다. 이번에는 무엇을 말할지를 살펴보자.

얼핏 생각하면 '무엇을 말할지' 결정하는 것은 매우 쉬워 보인다. 모든 사장님과 마케터들은 제품의 특징부터 말하고 싶어 하기 때문이다. 하지만 말하고 싶은 제품의 특징이 너무 많다는 점이 문제다. 소비자들은 우리가 판매하는 제품과 우리가 전달하려는 메시지에 관심이 없다.

온라인 광고 메시지를 결정할 때의 핵심 원칙은 가장 중요한

'한 가지 장점'에 집중하는 것이다. 차별적인 판매 제안이라고 불리는 USP^Unique Selling Proposition를 설정하고, 모든 광고에 이를 반영하는 것이 중요하다. 소비자들이 특정 브랜드 혹은 광고를 떠올리면 그 브랜드만의 차별성이 자연스럽게 생각나도록 만들어야 한다.

미국에 달러 쉐이브 클럽이라는 면도기 구독 서비스가 있다. 온라인 마케팅을 활용한 구독 서비스의 가장 대표적인 브랜드인데, 질레트와 쉬크와 같은 면도기 브랜드들이 장악한 시장에서 엄청난 성공을 거두었다. 2011년 미국에서 창업한 달러 쉐이브 클럽은 구독자에게 정기적으로 저렴한 면도기와 면도날을 보내주는 서비스다. 불과 5년 만에 320만 명의 구독자를 확보했고, 유니레버에 10억 달러 현금으로 매각되었다.

달러 셰이브 클럽은 항상 '시간과 돈을 아낄 수 있다'는 메시지에 집중했다. 사업이 성공했더라도 다른 메시지(면도날의 공급처, 사업 확장 스토리 등)를 알리는 대신 항상 자신만의 한 가지 강점에 초점을 두었다. 물론 초기에 유명하게 만들어준 재미있는 유튜브 광고의 역할도 크다. 하지만 소비자들은 '시간과 돈을 아낀다'는 한 가지 메시지에 반응했다.

오리온 초코파이는 '정'을, 볼보 자동차는 '안전'을, 쿠팡은 '로켓배송'을 한 가지 메시지로 전달해 왔다.

메시지 전략의 핵심은 소비자의 호응을 이끌어 낼 수 있는 한 가지 가치를 찾고 이를 지속적으로 전달하는 것이다.

 POINT

온라인기술
한 가지 독창적인 강점에 집중해야 한다. 온라인 광고의 메시지는 뾰족해야 한다.

효과적인 매체
네이버, 구글, 유튜브, 인스타그램, 페이스북, X, 스레드 등 대부분의 온라인 매체

매체 선정의 핵심 3가지
_얼마나, 누구에게, 무엇을?

트리플 미디어 전략

   온라인 마케팅을 이용한 광고를 준비할 때 제일 중요하고 어려운 결정은 '어디에' 광고할지 정하는 것이다. 페이스북, 인스타그램, 유튜브, 네이버 블로그, 구글 검색 광고, 쿠팡 등 다양한 온라인 매체들이 떠오른다.

   수많은 온라인 매체 중에서 어디에 광고하는 것이 제일 효과적일까? 광고 매체의 선정은 전략적으로 접근해야 한다.

   3가지만 기억하자.

① 광고비를 얼마나 쓸 것인가?

② 누구에게 광고할 것인가?

③ 어떤 내용을 광고할 것인가?

그런데 두 번째와 세 번째는 조금 이상하다. 당연히 고객에게 광고해야 하고, 내 제품과 서비스를 광고해야 하지 않는가? 하지만, 조금만 더 생각하면 이유를 알 수 있다.

먼저 고객을 살펴보자. 이미 내 제품과 매장을 잘 아는 고객도 있지만, 아직 들어본 적도 없는 잠재 고객도 많다. 혹은, 내 브랜드를 들어봤지만 애매하게 아는 고객도 있다. 고객별로 적합한 광고 매체는 다를 수밖에 없다.

광고 내용 역시 마찬가지다. 신제품 출시 소식을 전할지, 봄맞이 할인 행사를 알릴지, 혹은 고객 리뷰를 활용한 신뢰를 구축할지에 따라 내용이 달라진다.

따라서, 광고가 목표로 하는 고객 특성과 전달 내용을 적절히 조합해서 매체를 결정해야 한다. 이때 광고 예산도 잊어서는 안 된다.

온라인 광고의 방향을 설정했다면, 미디어를 결정해야 한다. 막연히 인스타그램, 유튜브, 네이버 등을 검토하면 살펴봐야 할 미디어의 숫자만 늘어나고, 객관적인 비교가 쉽지 않다.

이럴 때는 3가지 영역으로 분류해서 검토하면 좋다.

① 페이드 미디어^{Paid Media} : 광고비를 내고 광고 지면을 삼.

② 온드 미디어^{Owned Media} : 브랜드가 직접 운영하고 관리.

③ 언드 미디어^{Earned Media} : 고객들이 자발적으로 브랜드를 홍보.

페이드, 온드, 언드 미디어는 각각 별도의 미디어 형태를 가질 수도 있고, 하나의 미디어 안에 3가지 형태를 모두 가질 수도 있다. 인스타그램에서 인플루언서에게 광고비를 내고 광고를 하면 페이드 미디어가 되지만, 내가 갖고 있는 인스타그램에 광고하면 온드 미디어가 된다.

광고 전략 및 예산, 그리고 상황을 종합적으로 고려해서 3가지 미디어 중에 판단해야 한다. 만약 처음 시장에 출시된 브랜드라면 광고비를 내더라도 사람들이 많이 볼 수 있는 페이드 미디어가 좋다. 반면, 어느 정도 알려진 상태에서 고객들의 신뢰도를 활용하려면 언드 미디어에 광고를 집중하면 좋다.

❗ POINT ⌄

온라인기술
온라인 광고는 전략이다. 누구에게 무엇을 얼마의 비용으로 할지 결정해야 하기 때문이다.

효과적인 매체
브랜드 홈페이지, 네이버, 다음, 구글, SNS

내게 꼭 맞는
온라인 미디어를 찾는 법

미디어 적합성 증대 전략

요즘엔 수많은 온라인 미디어들이 존재한다.

네이버, 구글, 유튜브, 인스타그램, 쿠팡, 당근마켓 등의 플랫폼과 SNS, 그리고 이커머스는 오늘도 수많은 광고주를 위해 광고를 실어 나르고 있다.

처음엔 네이버처럼 누구나 알고 있는 포털에 광고하는 것이 제일 좋아 보인다. 그런데 경쟁사도 그곳에 광고를 할 것 같다. 모든 사람이 동일한 온라인 미디어에 광고한다면, 결국 광고비를 더 많이 쓴 광고가 승리한다. 잘못하면 광고비는 광고비대로 사용하고, 광고 효과는 얻지 못할 수도 있다.

따라서 나에게 적합하고 경쟁자가 관심을 덜 가질 만한 온라인 미디어를 찾아야 한다. 온라인 미디어별 특성을 꼭 이해하자.

우선 네이버, 구글 등의 포털은 모든 사람이 이용한다는 장점이 있고, 강력한 키워드 검색 광고를 갖고 있다. 하지만, 누구나 이용한다는 말은 경쟁사 역시 똑같이 이용한다는 말과 같다. 따라서 포털을 이용할 때는 광고 콘텐츠와 디자인 등에 더 많이 신경써야 한다. 이미지 중심의 인스타그램과 동영상 기반의 유튜브는 시각적인 콘텐츠가 많은 제품과 업종에 적합하다. 이들 SNS는 유사한 관심을 공유하는 사용자들을 쉽게 모을 수 있기 때문에 고객지향적 광고를 쉽게 할 수 있다.

당근마켓, 번개장터 같은 플랫폼은 지역 기반의 광고에 적합하다. 식당과 카페를 오픈한 경우에는 해당 지역에서만 효과적으로 광고할 수 있다.

반면에, 직장인들이 많이 가입한 블라인드는 광고의 타깃을 직군, 업계, 연봉 수준 등으로 세분화하여 광고를 노출할 수 있다. 블라인드는 타깃 세분화가 가능하다는 장점도 있지만, 지역적으로 서울 경기권에 제한된다.

온라인 미디어는 각각 특성이 다르고, 광고비도 다르다. 항상 새로운 광고 미디어를 찾아서 어떤 차별성과 장단점이 있는지 검토한다.

하나보다는 둘,
둘보다는 셋이 좋다

온라인 미디어 믹스 전략

'광고'라는 단어는 아날로그적 의미를 지닌다. 어딘가에 숨어 있는 잠재 고객을 만나기 위해 널리 제품을 알린다는 뜻이다.

하지만, 온라인 시대에는 과거와 비교할 수 없을 만큼 정교하게 잠재 고객에게만 광고를 보낼 수 있다. 최소의 비용으로 최대의 광고 효과를 얻을 수 있게 된 것이다.

온라인 마케팅의 효과를 극대화하기 위해서는 다양한 온라인 미디어를 폭넓게 활용할 필요가 있다. 온라인 미디어를 고객의 상황과 제품의 특성, 그리고 경쟁 등을 고려하여 다양한 방식으로 구성하면 더 큰 힘이 발휘된다.

이를 '미디어 믹스'를 구성한다고 말한다.

온라인 미디어 믹스를 효과적으로 구성한 사례로, 배달의민족이 2015년부터 2022년까지 진행한 배민신춘문예가 있다. 배민신춘문예는 '다 져도 괜찮아 - 마늘', '맞았는데 틀렸다니 그게 무슨 말이야 - 동그랑땡' 등 음식과 관련된 재치 있는 참가작품으로 큰 사랑을 받았다.[4]

배민신춘문예는 참신한 아이디어와 재미있는 참가작품 때문에 큰 성공을 거두었지만, 다양한 온라인 미디어들을 효과적으로 조합하고 활용했기 때문에 더 큰 마케팅 효과를 얻을 수 있었다.

먼저 활용한 미디어는 '배달의민족 어플'인데 직접 운영하고 관리하는 일종의 온드 미디어다. 어플을 통해 배민신춘문예를 적극 홍보하고 전년도 수상작들을 어플 배너나 푸시 알림으로 계속 보여줌으로써 많은 참여를 이끌어 냈다.

하지만, 어플을 사용하지 않는 사람들의 참여도 필요하다. 그래서 인스타그램, 페이스북과 같은 SNS 플랫폼을 활용해서 배민신춘문예의 개최를 알리기도 했다. 그리고 많은 SNS 이용자가 자발적으로 재치 넘치는 배민신춘문예 소식과 전년도 수상작들을 퍼 날랐다. 돈으로 사기 힘든 언드 미디어를 확보하는 순간이다.

온라인에서 증폭되는 재미있는 이벤트를 온라인 언론이 놓칠 수는 없다. 비록 종이신문에는 인쇄되지 않더라도 인터넷 언론사들이 직극적으로 배민신춘문예를 소개한다. 이 과정에서 일정 금액의 홍보 비용이 발생했다면 일종의 페이드 미디어를 이용한 것이다. 중요한 점은 인터넷 언론을 통해 배달의민족을 잘 모르는 사람들도 배민신춘문예를 알게 되었다.

미디어 믹스의 마무리는 유튜브다. 배민신춘문예의 수상작을 활용한 동영상 콘텐츠를 제작해서 자사의 유튜브 계정에 올렸다. 537,784명의 역대 최대 작품이 응모했다는 정보는 덤이다. 사람들은 배민신춘문예에 대한 유튜브를 볼 때마다 배달의민족을 계속 떠올릴 것이다.

배민신춘문예는 자사의 어플, SNS 플랫폼 내의 자사의 계정, SNS 유저들의 자발적 참여, 인터넷 언론, 그리고 유튜브 동영상 등 사용할 수 있는 모든 온라인 미디어들을 두텁게 활용했다. 이들 온라인 미디어들은 자신만의 특성을 기반으로 각자의 장단점을 보완하고 시너지를 내는 방식으로 운영되었다.

그러면, 광고비가 얼마나 들었을까?
배달의민족이 보유한 자사 어플과 SNS 계정을 활용했기 때문에 최소 비용이 들었을 것이다.

상상을 초월하는
스마트폰의 위력

스마트폰 퍼스트 전략

2016년 전체 온라인 광고 중 PC 기반의 인터넷 광고와 스마트폰 기반 모바일 광고의 비중은 각각 52.3%와 47.7%였다. 하지만 2023년 인터넷 광고와 모바일 광고의 비중은 16.9%와 83.1%로 극적으로 변화했다.[5]

7년 사이에 모바일 광고는 거의 두 배나 성장했고, 인터넷 광고는 절반으로 줄어들었다. 모바일 광고비가 증가한 만큼 우리들의 스마트폰 사용 시간도 증가했다.

모바일 광고비의 증가는 우리가 어디에 광고를 집중해야 하는지를 명확히게 보어준다.

하지만, 여전히 PC 기반의 인터넷 광고와 스마트폰 기반의 모바일 광고 사이에서 고민하는 분들이 많다. 인스타그램처럼 스마트폰에 적합한 온라인 미디어에 집중하자니, 여전히 모니터를 통해 큼직하게 볼 수 있는 디스플레이 광고가 아쉽다. 또한, 가로로 길쭉한 인터넷 환경과 세로로 길쭉한 스마트폰을 모두 만족시킬 수 있는지도 궁금하다. 인터넷과 모바일 중 하나를 선택해야 하는지 고민이다.

결론적으로 말하자면, 무조건 스마트폰 기반의 모바일 광고에 집중해야 한다.

노트북 기반의 인터넷 광고는 보조적으로 활용하면 된다. 온라인 광고를 위한 이미지, 홍보 문구, 제품에 대한 설명 등은 모두 모바일을 고려해서 구성해야 한다.

혹시라도 모바일 광고와 인터넷 광고 사이의 호환성이 걱정된다면 반응형 광고를 선택하면 된다. 반응형 광고는 모바일, PC 등이 제공하는 광고 플랫폼과 화면 크기에 맞춰 자동으로 광고 사이즈와 구성이 변화하는 방식이다. 반응형 광고를 고려하고 온라인 광고를 제작하면 인터넷과 모바일 광고를 각각 만들지 않아도 된다.

온라인 광고는
가로가 아닌 세로 세상이다

온라인 기기의 화면 비율

온라인 마케팅이 모바일 중심으로 운영된다는 것은 어떤 의미일까? 단순히 32인치 모니터와 7인치 스마트폰의 화면 크기를 비교하는 것이 아니다. 더 큰 차이점이 있다.

> **· 모바일 광고와 인터넷 광고의 차이**
> ① 가로가 아니라 세로로 화면이 움직인다.
> ② 마우스 혹은 키보드가 아니라 손가락, 특히 엄지손가락으로 대부분 화면을 움직인다.

① 세로 화면

가로 폭은 좁고 위아래가 길쭉한 스마트폰 화면이 온라인 광고 및 콘텐츠에 어떤 영향을 줄까?

스마트폰 화면 규격이 가져온 변화는 웹툰을 생각하면 쉽게 이해된다. 웹툰은 위아래로 손가락으로 화면을 움직이면서 만화를 보는 방식이다. 웹툰은 좌우로 보는 것보다 위아래로 보는 게 더 편하고, 심지어 큰 모니터로 보면 어색하다.

온라인 광고도 마찬가지다. 좌우는 좁고 위아래가 길쭉한 스마트폰의 화면에 적합한 형태의 광고 콘텐츠를 구성해야 한다. 제품이나 매장 사진을 찍더라도 세로 방향으로 길쭉하거나 정사각형 사진이 적합하다. 광고 문구를 쓰더라도 왼쪽에서 오른쪽으로 길게 이어지는 글보다는 짧게 끊어서 쓴 글이 더 적합하다.

좌우의 폭은 좁지만 아래로 계속 스크롤 다운할 수 있기 때문에 짧은 글을 정사각형 이미지와 결합해서 콘텐츠를 구성해야 한다. 물론 반응형 광고 방식으로 제작하면 자동으로 화면 크기에 따라 광고 크기도 바뀌지만, 기본은 스마트폰 화면에 맞추는 것이 좋다.

② 손가락을 활용한 화면 움직임

스마트폰의 작은 화면을 생각하면 어떨 때는 손가락도 크다는 생각이 든다. 정교한 터치를 위해서 전용 펜을 사용하기도 한다.

손가락이나 펜을 사용해서 직접 스마트폰의 화면을 터치하는 방식은 마우스와 키보드를 사용하는 방식보다 월등히 효율적이다. 화면을 위아래로 움직이다가 마음에 들거나 궁금한 것이 있으면 바로 손가락으로 터치해서 다른 화면으로 넘어간다. 이미지가 마음에 들면 손가락 두 개를 움직여서 화면 크기를 조정하기도 한다.

스마트폰을 사용할 때는 손가락의 속도가 생각의 속도와 거의 일치된다. 손가락으로 화면을 터치함에 따라 온라인 광고에 대한 반응은 점점 더 빠르게 나타난다. 조금만 마음에 들지 않아도 바로 다른 상품 혹은 화면으로 이동하기 때문이다.

이런 스마트폰 화면에 맞게 온라인 광고는 중요한 메시지를 화면의 최상단에 배치시키고 있다. 전통적인 스토리텔링 방식인 기승전결에 맞춰 결론을 제일 마지막에 보여주는 방식은 살아남을 수 없다. 제일 중요한 내용과 이미지를 먼저 보여주면서 관심을 끌어야 한다. 그다음으로 중요한 내용들은 아래 화면에서 배치해야 한다.

고객을 사로잡으려면
1초로 승부하라

초단타 흥미 유발의 기술

전통적인 텔레비전 광고는 15초와 30초 분량이 많았다. 시청자들이 적어도 15초 정도는 참을성을 갖고 광고를 봐주었다. 하지만 현재 온라인 광고는 초 단위로 광고 시청이 결정된다.

몇몇 연구에 따르면 온라인 콘텐츠를 보는 소비자들은 10초도 안 되는 순간에 콘텐츠를 계속 볼지 말지를 결정한다고 한다.[6]

콘텐츠가 시청자에게 충분한 재미를 주지 않으면 불과 몇 초만에 다른 화면으로 손가락을 옮긴다.

결국 소비자들의 관심을 얻기 위해 초 단위로 경쟁하게 되고, 점점 더 자극적이고 재미를 추구하게 된다.

바로 '숏폼'이 대표적인 사례다.

온라인에선 전통적인 스토리텔링 원칙이 통하지 않는다.
예전에는 기승전결 방식으로 광고를 구성했다면, 이제는 결론
이 제일 먼저 나온다. 제일 중요한 메시지를 전달하고 근거는 뒤
에서 차근차근 설명한다. 제일 중요한 메시지 역시 그냥 전달해
서는 안 된다. 한눈에 시선을 사로잡는 재미나 흥미 요소를 양념
처럼 뿌려야 한다.

유튜브에서 흔히 볼 수 있는 커다란 폰트와 촌스러운 색상의
섬네일들은 시청자들의 선택을 받기 위한 시각적 장치다.

또한, 참여를 유도하거나 터치가 필요한 버튼은 최대한 화면
상단에 배치하거나 고정된 위치에 놓아야 한다. 시청자들은 불과
1~2초 안에 손가락을 움직여서 화면을 스크롤 다운한다. 일단 온
라인 광고를 보자마자 바로 특정한 활동을 할 수 있도록 UI(사용
자 인터페이스)와 UX(사용자 경험)를 구성해야 한다.

온라인 광고는 시청자의 순간을 잡아채야만 생존할 수 있다.
소비자는 참을성이 많지 않다. 1~2초 안에 승부를 걸어야 한다.

희망적인 연구 결과도 있다. 일단 소비자들이 10초 이상 콘텐
츠를 봤다면 해당 페이지를 좀 더 유심히 그리고 오랫동안 살펴
본다고 한다.

1초 때문에 68억 달러를 잃은
아마존의 사연

사이트 방문 후 이탈 현상

온라인 마케팅에서 1초는 얼마나 큰 영향력을 가질까?

눈 한 번 깜박이는 정도의 시간이지만, 생각보다 매출에 큰 영향을 줄 수 있다.

미국의 대표적인 이커머스 플랫폼인 아마존을 예로 들어보자.

만약 아마존 사이트의 로딩 속도가 1초 빨라지면, 아마존 판매량 역시 1%가 증가한다고 한다. 판매량 1% 증가라고 하면 별로 커 보이지 않는다. 하지만 매출액으로 환산하면 엄청난 숫자가 나온다. 아마존의 판매량이 1% 증가하면 약 68억 달러, 한화로 약 9조 원 정도의 매출이 추가로 발생한다.[7] 단지 로딩 속도가 1초 빨라졌을 뿐이다.

소비자들은 정말 참을성이 없다. 우연히 마음에 드는 제품과 메시지가 눈에 띄어 사이트에 들어왔지만, 로딩 속도가 느리거나 중요한 정보가 바로 보이지 않으면 빛의 속도로 다른 사이트로 넘어간다.

온라인 마케팅에서는 이런 현상을 '사이트 방문 후 이탈' 혹은 '이탈률 Bounce Rate'라고 말한다. 사이트를 방문한 다음에 이탈률이 높다는 것은 잠재 고객들이 사이트에 실망해서 바로 나갔다는 것을 의미한다.

이탈률이 높은 사이트들은 공통적인 특성이 있다.

① 사이트의 로딩 속도가 느리다. 최적화가 안 된 이미지와 동영상, 불필요한 플러그인의 설치, 느릿느릿한 서버 속도 등은 로딩 시간을 한없이 잡아먹는다.

② 기대와 다른 사이트 UI/UX다. 필요한 정보는 찾아보기 힘들고, 사이트 디자인도 트렌드에서 한참 벗어났다. 제품에 대한 설명도 여러 번 읽어야 겨우 이해할 수 있다.

③ 스마트폰에 최적화되지 않은 사이트다. 노트북을 이용해서 인터넷 사이트를 찾으면 제법 볼 만한 사이트지만 스마트폰에선 답답하다.

때때로 사장님의 열정과 의욕이 이탈률을 높이는 데 기여한다.

고객에게 더 좋은 이미지, 더 많은 정보를 제공하기 위해 사이트를 자신도 모르게 무겁게 만드는 것이다. 누군가는 인내심을 갖고 모든 정보를 하나하나 읽을 수도 있지만, 대부분 고객은 참을성이 없다. 오직 1초 정도만 기다려준다.

온라인 마케팅에서 일차적으로 중요한 것은 사이트 유입률이다. 아무리 좋은 제품과 사이트라고 할지라도 사람들이 찾지 않으면 아무 소용이 없다. 그래서 온라인 마케팅의 대부분 활동은 유입률 증대에 초점을 둔다.

하지만 이탈률 역시 똑같이 중요한 지표다. 이탈률은 사이트의 활성화 정도를 보여주기 때문이다.

! POINT ⌄

온라인기술
사이트 방문 후 이탈률이 높다면 사이트 로딩 속도, UI/UX의 편리성, 중요 메시지의 효과적 배치 여부 등을 살펴보자.

효과적인 매체
틱톡, 인스타그램, 유튜브, 페이스북, 그리고 자사 홈페이지

고객이 계속
찾아올 이유를 만들어라

고객 재방문율 관리의 기술

'산토끼'와 '집토끼'라는 말이 있다. 산토끼는 아직 우리가 확보하지 못한 잠재 고객을 말하고, 집토끼는 이미 우리 손에 들어온 고객을 가리킨다. 둘 다 중요하지만, 집토끼라고 생각하는 순간 관심과 자원을 크게 줄이는 경우가 많다.

그런데, 사실 잘 키운 집토끼 한 마리가 산토끼 열 마리보다 중요하다.

온라인 마케팅을 활용해서 제품을 광고하기 시작하면 점점 많은 사람이 우리 사이트를 방문한다. 첫 번째 구매를 위한 이벤트를 꾸준히 히다 보면 마침내 제품이 판매될 것이다. 그렇게 제한된 예산과 인력으로 온라인 마케팅을 하다 보니, 새로 방문한 고객을 위한 쿠폰과 이벤트는 자주 열리지만 이미 구매했던 고객을 위한 행사는 점점 없어진다.

기존 고객들의 중요성은 알고 있지만, 어떻게 해야 할지 막막하다. 그래서 흔히 하는 것이 포인트 혹은 마일리지를 적립해 주는 방식이다.

하지만 찾아보면 온라인 마케팅 관점에서 활용할 수 있는 방법들이 많다. 가장 효과적인 방법은 새로운 소식을 기존 고객에게 제일 먼저 알려주는 것이다. 제품을 구매한 고객들은 브랜드와 일종의 관계를 맺었다고 생각한다. 그리고 브랜드가 나를 그만큼 대접해 주기를 바란다. 이들을 위해 신규 제품 혹은 서비스를 출시하기 전에 주요 정보들을 먼저 알려주면 좋다.

방법도 간단하다. 기존 고객들이 남긴 이메일 혹은 스마트폰 번호로 간단한 신제품 정보를 알려주면 된다. 그리고 기존 고객에게만 우선적으로 알려준다는 점을 슬쩍 강조하면 더욱 좋다.

마지막에는 신제품 소식을 주변에 알리거나 매장에 오시면 약간의 혜택을 준다고 말하면 된다.

이런 작은 행동을 통해 기존 고객은 자발적인 홍보맨이 되거나 재구매를 해주는 귀중한 고객이 된다.

단, 기억할 점이 있다. 구입한 제품과 서비스가 만족스럽지 않다면 어떤 유인책을 쓰더라고 고객은 움직이지 않는다는 사실이다.

! POINT ◇

온라인기술
기존 고객에게 신제품 출시 정보를 제일 먼저 알리자. 그리고 이들이 자발적인 홍보맨이 될 수 있는 작은 혜택을 준다.

효과적인 매체
자사 홈페이지, 문자 및 카톡 메시지, 이메일, SNS

온라인 세상에 판치는
광고 사기를 조심, 또 조심

광고 사기를 피하는 법

온라인 광고를 왜 할까? 브랜드를 알리고 돈을 벌기 위해서다. 하지만 온라인 광고 때문에 돈을 잃을 수도 있다. 그것도 아주 많은 돈을 말이다.

2019년 일어난 일이다. 네이버에 검색광고를 의뢰한 기업이 있었다. 검색 광고는 일반적으로 검색 키워드를 통해 노출된 광고가 클릭 될 때마다 광고비를 지불하는 방식이다. 범용적인 키워드, 즉 누구나 쉽게 검색하는 단어라서 클릭당 단가가 비쌌다. 클릭 한 번에 5만 원 수준이다. 문제는 광고를 시작하고 약 1년 4개월 동안 광고비로 무려 5억 5천만

원을 지불했지만, 광고를 보고 찾아온 고객이 거의 없다는 사실이다.[8]

한마디로 허공에 거액의 광고비를 날렸다. 결론만 말하면, 경쟁사에서 사람들을 고용해 광고를 의도적으로 클릭하고 광고비를 발생시킨 것이다. 흔히 부정 클릭을 유도했다고 하는데, 광고 사기Ad Fraud의 일종이다.

온라인 마케팅에서 볼 수 있는 광고 사기는 온라인 마케팅의 어두운 그림자다. 기술이 발전하면서 새로운 수법으로 점점 지능화되고 있다. 온라인 광고 사기의 유형을 살펴보자.

① 경쟁사의 광고비를 대량으로 소모시키기 위해 의도적으로 부정 클릭을 유도하는 방식이다.
② 온라인 에이전시가 광고비를 빠르게 소진하기 위해 의도적으로 부정 클릭을 유도한다.
③ 복잡한 온라인 마케팅 시스템에서 광고를 사람이 아니라 로봇이 보는 경우도 있다.

어떤 경우든 광고비가 무의미하게 낭비된다.

현실적으로 광고 사기를 완벽하게 막을 수는 없다. 광고주 스스로가 늘 경계해야 한다. 항상 광고비가 예상 범위 내에서 집행되는지 확인한다.

광고비가 조금이라도 이상하게 집행되는 경우, 즉 매출 증가 없이 광고비가 급격히 오르는 현상이 보인다면 즉시 광고를 멈추고 원인을 파악해야 한다.

그렇다고 광고 사기가 두려워서 온라인 광고를 포기할 필요는 없다. 온라인 마케팅이 제공하는 혜택과 편익이 너무도 크기 때문이다. 그리고 디지털 마케터들을 답을 찾을 것이다. 언제나 그렇듯이.

 POINT

온라인기술
매출 증대 없이 갑자기 광고비 지출이 크게 증가한다면 광고 사기를 의심해야 한다. 일단 광고를 멈추고 현상을 파악하자.

효과적인 매체
CPC 기반의 검색 광고, 네이버 광고, 구글 광고, SNS

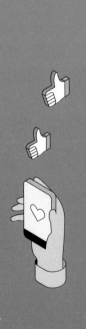

2짱

온라인
마케팅으로 열혈 팬덤을
만드는 법

"2명의 열혈팬이 8명의 친구보다 낫다"

오직 한 명만을 위한
온라인 마케팅

퍼스널라이제이션 마케팅

톰 크루즈가 출연한 SF 영화 '마이너리티 리포트'.

미래 시점의 범죄를 다룬 영화인데, 매우 흥미로운 장면이 나온다. 길거리의 광고판들이 톰 크루즈의 안구를 자동으로 검색한 후, 톰 크루즈의 이름을 부르면서 제품을 선전하는 장면이다. 무서울 수도 있지만, 한편으론 마케터와 기업가들이 꿈꿔왔던 세상이 실현되는 모습이다.

고객 한 명을 위한 마케팅이 이루어지는 순간이다.

'퍼스널라이제이션' 마케팅이라는 단어가 있다. 오직 고객 한 명의 욕구와 필요를 이해하고, 특화된 마케팅을 제공한다는 의미다. 오랫동안 마케팅의 꿈이었고 미래였다.

그런데 이제 온라인 마케팅은 강력한 인공지능과 빅데이터, 그리고 데이터 분석 프로그램 등을 통해 고객 한 명을 위한 마케팅과 제품 구현이 가능해졌다. 심지어 매장에 들어온 고객의 신분을 파악해서 매장 내 행사 제품을 문자로 바로 알려줄 수도 있다.

퍼스널라이제이션은 구글, 아마존, 삼성전자 등과 같은 초일류 기업들만 가능할 것 같다. 당연히 인공지능과 빅데이터를 활용할 수 있는 기술을 아무 기업이나 보유할 수는 없다.

하지만 이런 원천 기술을 개발하고 보유하는 것과 공개된 기술을 활용하는 것은 전혀 다른 이야기다.

온라인 마케팅에는 다양한 분석 및 자동화를 가능하게 해주는 IT 서비스가 다양하게 있다. 흔히 이런 기술들을 마테크^{Martech}라고 부르는데, 마테크만 잘 활용해도 예전에는 생각하지 못했던 개인화된 마케팅을 할 수 있다.

개인화된 온라인 마케팅이라고 해서 특별한 것은 아니다. 고객의 기일이나 이벤트를 잊지 않고 보내는 이메일이나 카톡도 개인화된 마케팅이다. 고객이 관심을 보였던 상품에 대한 새로운 정보가 뜨면 푸시 알람을 보내는 것도 개인화 마케팅이다.

예를 들면, 쿠키를 활용해서 소비자가 방문한 사이트 정보를 통해 고객 맞춤형 상품을 제공할 수 있다. 또한, 구매 정보와 연령 등의 정보를 바탕으로 고객에게 새로운 제품을 추천하는 리타켓팅 및 타깃 광고도 가능하다.

특정 고객만을 위한 콘텐츠 개발도 가능하다. 예전에는 광고 콘텐츠 하나를 개발하는 데 많은 비용과 시간, 그리고 전문가의 손길이 필요했다. 하지만 공개된 인공지능 서비스들을 활용하면 비전문가도 한순간에 콘텐츠 전문가가 될 수 있다.

개인화 마케팅을 위한 또 다른 사례는 챗봇이다. 인공지능으로 작동되는 챗봇은 고객의 이전 상담 기록을 활용해서 고객 맞춤형 상담 및 제품 추천을 할 수 있다.

퍼스널라이제이션 마케팅은 온라인 마케팅의 핵심이다.

하지만 완벽하지는 않다. '마이너리티 리포트'처럼 완벽한 개인화는 법률적 규제 및 기술적 구현이라는 선결조건이 필요하다. 지속적인 데이터 수집 및 분석도 필요하다. 하지만 지금과 같은 발전 속도를 생각하면 먼 미래의 일은 아니다.

! POINT ◇

온라인기술
퍼스널라이제이션은 온라인 마케팅의 미래다. 단 한 명의 고객을 위한 마케팅은 단순한 소비자를 열혈팬으로 만드는 힘을 갖고 있다.

효과적인 매체
네이버 광고, 구글 광고, 유튜브, 인스타그램, 페이스북

8명의 친구보다
2명의 열혈팬이 낫다

80 : 20 파레토 법칙

이탈리아의 경제학자인 파레토는 역사상 가장 중요한 원칙 중 하나를 발견했다. 흔히 80 대 20 법칙이라고도 불리는 파레토 법칙인데, 80%의 결과가 상위 20%의 원인 때문이라는 원칙이다. 즉, 적은 수의 원인이 대부분의 결과를 책임진다는 말이다.

파레토의 원칙은 주변에서 쉽게 볼 수 있다. 소수의 단골이 전체 매출을 좌우하고, 소수의 랜드마크 건축물을 보기 위해 많은 관광객이 몰리기도 한다.

파레토 법칙은 온라인 마케팅에도 적용된다.

열혈팬들의 적극적인 활동을 통해 특정 브랜드 혹은 아이돌들이 유명해진 사례들은 쉽게 볼 수 있다. BTS의 팬클럽 '아미'가 대표적인 사례다.

애플의 '아이폰' 역시 초기에는 소수의 열혈팬들이 강력한 팬덤을 형성했다. 미국의 대표적인 모터사이클인 '할리데이비슨'은 소유자들의 모임인 초그HOG를 통해 깅한 결속력과 엉향력을 행사한다.

'런던 베이글 뮤지엄', '노티드' 등과 같은 유명한 베이글 가게와 디저트 카페는 이들 브랜드를 추종하는 강력한 팬들을 통해 특별한 광고 없이 빠르게 성장했다.

마치 성지순례를 하듯 새로운 매장이 열리면 오픈런을 해서 생생한 사진을 인스타그램에 올리고, 주변에 적극적으로 공유한다. 이러한 열혈팬들이 아름답게 편집해서 올린 이미지를 보고 더 많은 사람이 멀리서부터 매장을 찾아온다.

스포츠 드링크인 '레드불' 역시 마찬가지다. 레드불은 익스트림 스포츠에 항상 진심이다. 우주, 험준한 절벽, 고공점프 등 인간이 도전할 수 있는 모든 위험한 장소에 도전하고, 멋진 영상을 남긴다. 그러면 레드불의 열광적인 팬들이 동영상을 퍼 나르면서 강력한 유대감과 영향력을 형성한다.

온라인 마케팅은 열혈팬을 효과적으로 모을 수 있다. 타깃 고객에 대한 분석 및 개인화된 마케팅이 용이해서 소수의 팬들을 별도로 관리할 수 있다. 그리고 이들 열혈팬들을 중심으로 일반 팬을 구축하고, 다시 잠재 소비자들로 확산되는 메커니즘을 전략적으로 형성할 수도 있다.

열혈팬을 부르는 용어로 '다이하드 팬Die-hard fan'이 있다. 이름 그대로 쉽게 죽지 않는 팬이다. 한번 만들어진 열혈팬들은 브랜드에 어떤 일이 생기더라도 절대 죽지 않고 브랜드를 지키는 수호천사다. 소수의 열혈팬들을 만들 수 있다면 비교할 수 없을 만큼 거대한 소비자들을 만날 수 있을 것이다.

온라인기술
20%도 안 되는 열혈팬들이 브랜드의 매출과 홍보를 책임진다. 온라인 마케팅을 통해 강력한 팬덤을 구축해보자.

효과적인 매체
네이버 카페, 네이버 밴드, 카카오톡 단톡방, 인스타그램, 페이스북, 틱톡

열혈팬을 만드는 5단계 주요 활동

커스터머 저니 관리법

고객과 브랜드가 처음 보자마자 사랑에 빠져 평생을 함께 가는 로맨틱한 관계는 얼마나 아름다울까?

하지만, 현실적으로 이런 경우는 매우 적다. 아니, 거의 없다. 대부분 고객과 브랜드는 서로를 조금씩 알아가는 단계를 통해 더 강하고 유대감 높은 관계를 형성한다. 이런 관계가 더욱 깊어질수록 팬은 열혈팬으로 성장하게 된다.

고객과 브랜드가 서로를 알아가는 과정은 '커스터머 저니 Customer Journey'라는 관점으로 파악하면 좋다. 커스터머 저니는 '고객 여정 관리'라고도 불린다. 고객이 브랜드를 처음 만나고 구매하고 열혈팬으로 바뀌는 과정들을 정리한 것이다. 온라인 마케팅에서도 커스터머 저니는 중요한 활동이다.

5단계의 특징을 살펴보자.

① **인지 단계** : 보지도 못한 사람을 사랑할 수는 없다. 물론 어딘가에 있을 영혼의 단짝을 꿈꿀 수는 있어도 사랑하기 위해서는 우선 이름이라도 알아야 한다. 그래서 "여기 내가 있어요"라고 알리는 인지 단계는 매우 중요하다.

② **비교 단계** : 여러 가지 후보 브랜드 중에서 선택을 받기 위해 자신만의 장단점을 보여주고 평가를 받는다.

③ **구매 단계** : 실질적인 구매가 이루어져야 고객과 브랜드의 관계는 완성된다. 하지만 구매는 딱 중간 단계일 뿐이다. 진정한 여행은 이제부터 시작된다.

④ **유지 단계** : 누구든 막상 구매한 제품이 기대 이하인 경우를 종종 겪는다. 이런 경우 재구매는 기대할 수 없다. 구매 이후에도 고객과 브랜드가 좋은 관계를 유지하기 위해서는 무엇보다 브랜드의 품질과 사후 서비스가 좋아야 한다.

⑤ **옹호 단계** : 단순한 재구매를 뛰어넘어 브랜드의 열성팬이 되는 단계이자, 모든 브랜드가 진심으로 원하는 단계다. 옹호 단계에 도달하면 고객들은 주변에 브랜드를 적극적으로 홍보하고 알린다.

모든 브랜드의 목표는 커스터머 저니의 단계를 최대한 짧게 만들고, '옹호' 단계에 도달한 고객들을 최대한 많이 확보하는 것이다. 신제품이 나왔을 때 대대적인 광고를 하는 것과 구매를 유도하기 위해 가격 할인 행사를 크게 하는 활동들도 '인지'와 '구매' 단계에서 더 많은 고객을 모으기 위한 활동이다.

커스터머 저니를 충분히 이해한다면 고객을 열혈팬으로 만들기 위해 전략적으로 어떤 활동을 할지 알 수 있다. 무엇보다 고객이 열혈팬이 되는 과정에서 어떤 문제점을 갖고 있는지를 파악할 수 있다.

예를 들어, 구매 고객은 빠르게 늘고 있지만, 재구매하는 고객이 적다면 '유지' 단계에서 문제가 생긴 것이다. 이때는 구매 후 서비스에 문제는 없는지 혹은 제품 사용에서 어떤 불편함이 있는지를 신속하게 파악해야 한다.

❗ POINT ↕

온라인기술
커스터머 저니는 고객과 브랜드가 처음 만나서 열혈팬이 되는 단계를 체계적으로 보여준다. 강렬하고 짧은 커스터머 저니를 구축하자.

효과적인 매체
네이버 광고, 구글 광고, 유튜브, 인스타그램, 페이스북

고객을 만나서 정성껏
판매로 끌고 가는 비밀

멀티 터치 포인트 활용법

온라인 마케팅은 아날로그 마케팅 대비 월등히 많은 고객 접점, 즉 터치 포인트를 만날 수 있다.

아날로그 마케팅에서는 텔레비전, 뉴스 등에서 광고를 접하고 매장에 가서야 실제 제품을 볼 수 있었다. 그리고 친구를 직접 만나야 제품 경험을 공유할 수 있었다.

하지만 온라인 환경에서는 언제 어디서든 제품에 대한 정보를 얻고 제품을 직간접적으로 체험하고 홍보할 수 있다.

브랜드는 커스터머 저니의 단계별로 고객과 만날 수 있는 온라인 접점을 계획하고 관리해야 한다.

고객이 브랜드를 만나는 첫 번째 '인지' 단계에서는, 키워드 검색과 같은 검색 광고나 디스플레이 광고 등을 하면 좋다.

고객이 적극적으로 네이버나 구글에서 관련 키워드를 검색할 수도 있다. 또는, 고객들이 자주 찾는 사이트에서 광고를 볼 수도 있다. 알고리즘을 통해 제품을 소개하는 재미있는 숏폼을 우연히 볼 수도 있다. 고객이 처음 접하는 제품 광고이므로 강력한 이미지 혹은 메시지를 전달해야 한다. 처음부터 지나치게 많은 정보를 제공하면 오히려 고객이 떨어져 나간다.

두 번째 '비교' 단계는 브랜드에 대해 상세한 정보를 제공하면 좋다. 일단 브랜드에 관심이 생겨서 좀 더 알아보려고 하는 잠재고객에게 제품에 확신을 주는 설명을 충분히 한다. 이때 적합한 매체는 홈페이지 혹은 랜딩 페이지다. 또한, SNS 플랫폼과 리뷰 사이트 등도 중요한 역할을 한다. 단순히 별점이 많은 것보다 구체적인 장점이 잘 보이도록 SNS와 리뷰 등을 관리하자.

세 번째 '구매' 단계는 아주 중요하다. 구매하려고 겨우 마음을 먹었는데, 제품 구매 프로세스가 불편하거나 배송할 때 추가 비용이 많이 붙으면 구매는 이루어지지 않는다.

네 번째 '유지' 단계는 종종 중요성이 잊혀진다. 하지만 불만족스러운 제품 품질과 사후 대응 때문에 재구매가 이루어지지 않는 경우가 많다. 구매 시 고객이 남긴 이메일 혹은 전화번호를 활용해서 적극적으로 고객을 관리한다. 특히 제품 불량으로 A/S를 받았다면 더욱 철저하게 관리하자.

마지막 단계인 '옹호' 단계에서 열혈팬 형성이 최종 결정된다.

옹호 단계의 핵심은 열혈팬들이 자신의 열정과 애정을 공유할 수 있는 기회와 공간을 마련하는 것이다. 먼저 열혈팬들이 모일 수 있는 온라인 커뮤니티를 브랜드가 마련해줘야 한다. 브랜드 홈페이지 혹은 SNS 플랫폼 등에 고객 전용 커뮤니티를 만들면 좋다. 또한, 브랜드의 SNS 계정에 방문해서 자신의 애정을 공개적으로 보여줄 수 있도록 유인한다.

! POINT ◇

온라인기술
커스터머 저니의 5가지 단계별로 적합한 온라인 매체와 접점을 찾아보자.

효과적인 매체
네이버, 구글, 브랜드 홈페이지와 랜딩 페이지, 유튜브, 인스타그램, 페이스북, 온라인 커뮤니티, 카톡

빌 게이츠가 얼음물을
뒤집어쓴 이유

참여형 이벤트를 통한 초기 확산

몇 년 전, 아이스 버킷 챌린지가 큰 인기를 끌었다. 루게릭병에 대한 인식 제고와 기부 활성화를 위해 시작된 챌린지인데, 큰 호응을 얻은 이유는 크게 2가지 때문이다.

① 먼저 이름 그대로 얼음물이 가득 찬 양동이를 뒤집어쓰는 단순한 행동을 찍어서 소셜 미디어에 올리는 단순한 행동을 사람들이 무척 즐겁게 받아들였다. 특히 얼음물을 뒤집어쓸 때의 생생한 표정이 압권이었다.

② 두 번째 이유는 유명 인사들이 적극적으로 참여하면서 챌린지를 계

속 이어나간 점이다. 페이스북의 창업자인 마크 저커버거, 마이크로소프트의 빌 게이츠 등 유명인들이 참여하고 그다음 도전자를 지목하는 방식이다. 쉽게 보기 힘든 유명인들이 망가지는 모습과 도전자의 반응을 보는 재미 때문에 더 빠르게 확산되었다.

아이스 버킷 챌린지는 공익적 목적을 위한 홍보 활동이다. 특히 루게릭병처럼 일반인들이 익숙하지 않은 질병을 다루는 공익적 활동은 홍보 목적을 달성하기 어렵다. 왜냐하면 대중의 관심이 낮고, 소재 자체가 재미없기 때문이다. 오직 소수의 사람만이 잠깐 관심을 갖고 금방 흐지부지되는 경향이 강하다.

하지만, 아이스 버킷 챌린지는 '챌린지'라는 방식으로 루게릭병에 대한 광범위한 인식을 이끌어 냈을 뿐만 아니라 사람들의 적극적인 참여와 긍정적인 옹호를 이끌어 냈다. 거액의 기부금을 거두었고, 페이스북을 중심으로 관련된 영상들이 폭넓게 바이럴되었다. 아이스 버킷 챌린지에 한 번이라도 참여한 사람들은 자신이 참여한 챌린지 및 기부 활동에 대한 적극적인 팬으로 발전하였다.

일반적으로 신제품을 소개하거나 낯선 캠페인을 시작할 때는 우선 제품과 캠페인에 대한 소개성 자료만 전달한다. 하지만, 초기 인지 단계에서부터 흥미를 이끌어 내지 못하면 커스터머 저니의 다음 단계로 갈수록 힘을 받기 어렵다.

아이스 버킷 챌린지처럼 인지 단계에서부터 강력한 한 방을 준비하고, 사람들의 옹호를 이끌어 낼 수 있는 아이디어를 준비하자.

 POINT

온라인기술
홍보 단계에서부터 소비자의 참여를 이끌어 낼 수 있는 아이디어를 고민하자. 고객은 참여하면 할수록 열혈팬으로 성장한다.

효과적인 매체
네이버 광고, 구글 광고, 유튜브, 인스타그램, 페이스북

온라인 커뮤니티를
축제의 장소로 탈바꿈하자

커뮤니티 활성화 전략

코로나 기간 동안 전 세계적으로 엄청난 성공을 거둔 기업이 있다.

펠로톤Peloton이라는 미국의 온라인 스포츠 플랫폼 회사다. 참고로, 펠로톤은 자전거 경주에서 몰려다니는 무리를 가리킨다. 펠로톤은 이름 그대로 집 안에서 실내용 자전거로 운동할 때 이용하는 고화질 터치스크린과 운동 프로그램을 제공한다.

펠로톤이 설치된 실내 자전거에 앉아서 페달을 열심히 돌리고 있으면, 마치 실제 오프라인 레이싱을 하는 것과 같은 체험이 가능하다. 만약 레이싱 코스를 프랑스의 '투르 드 프랑스'로 설정하면 프로 선수들과 똑같은 코스를 체험할 수 있다.

스크린 골프에서 세계 유명 골프 코스를 체험하는 것과 유사하다.

하지만, 펠로톤은 스크린 골프와는 원천적으로 다른 점을 갖고 있다. 바로 막강한 온라인 커뮤니티다. 자전거 레이싱은 단체로 레이싱을 하면서 서로 격려와 경쟁을 동시에 하는 단체 스포츠다. 당연히 레이싱에 참여하는 사람들이 많을수록 더욱 열심히 참여한다.

펠로톤은 비록 실내에서 자전거를 타지만, 눈앞에 있는 모니터를 통해 실시간으로 전 세계에 있는 동호회 사람들과 경쟁할 수 있다. 자신이 참여한 레이싱 커뮤니티의 사람들과 속도와 거리를 경쟁할 수도 있고, 같이 레이싱을 하면서 동지애를 느낄 수도 있다.

펠로톤 사용자들은 자신이 참여한 레이싱 커뮤니티와 강한 연대감을 갖고 있다. 비록 오프라인에서는 만나지 못해도 모니터 속에서 같이 레이싱을 즐기는 사람들과 끝없는 친밀감을 가진다. 그리고 친밀감이 커질수록 펠로톤에 대한 만족도와 사용 시간, 그리고 펠로톤에 지출하는 금액은 증가한다.

펠로톤 역시 회원들의 커뮤니티를 위해 다양한 지원을 하고 있다. 유명 피트니스 강사들을 초대해서 다양한 트레이닝 클래스를 제공하고, 커뮤니티가 사회적 책임을 다할 수 있도록 지원한다. 펠로톤 회원들은 펠로톤이 제공하는 하드웨어가 아니라 펠로톤을 통해 누릴 수 있는 스포츠 커뮤니티 때문에 펠로톤에 가입할 정도다. 그리고 이들 열혈 회원들이 또 다른 커뮤니티 회원들을 끌어들이고 있다.

온라인 커뮤니티는 오프라인의 시간과 공간의 한계를 극복할 수 있다. 커뮤니티를 위해 서비스를 구독하는 강력한 힘이 있다.

 POINT

온라인기술
열혈팬들이 모여서 동지애와 결속감을 느낄 수 있는 커뮤니티를 만들어 보자.

효과적인 매체
홈페이지 내 커뮤니티 섹션, 네이버 카페, 카톡 단체방, 블로그

커뮤니티라는 신세계를
적극 제공하라

커뮤니티 인게이지먼트의 중요성

열혈팬들로 구성된 커뮤니티의 중요성은 충분히 이해된다. 하지만 제대로 운영되는 커뮤니티를 구성하는 것은 또 다른 문제다.

실제로 많은 브랜드들이 커뮤니티를 구성하려고 많은 시간과 돈을 투입했다. 이때 혜택만 쏙쏙 받아 가는 체리피커(Cherry Picker, 무료 서비스나 혜택만 누리는 소비자)들만 모이는 경우도 많다.

그렇다면, 브랜드 커뮤니티를 어떻게 구성해야 효과적일까?

브랜드 커뮤니티의 가장 모범적인 사례는 미국의 모터사이클 브랜드인 할리 데이비슨의 'HOG'이다. HOG는 할리 데이비슨 오너스 그룹을 의미하는데, 할리 데이비슨을 소유한 사람들로 구성된 커뮤니티다. 할리 데이비슨은 HOG를 직접 관리하거나 운영하지는 않지만, 후원하는 역할을 맡고 있다.

HOG에 소속된 소유자들은 그렇지 않은 소유자 대비 할리 데이비슨에 30% 이상 더 많은 돈을 쓰고 있다.[9] 또한, HOG에 속한 멤버들은 자타가 공인하는 할리 데이비슨 열혈팬이다. HOG 멤버들이 단합 대회를 할 때마다 엄청난 광고 효과가 발생한다. 수십 대의 모터사이클이 굉음을 내면서 도로를 달리기만 해도 사람들의 눈길을 받을 수밖에 없다.

HOG는 아날로그적이고 오프라인 중심의 커뮤니티다. HOG는 거친 오프라인에서 라이딩을 함으로써 커뮤니티의 가치를 증명한다. 하지만 할리 데이비슨은 온라인 마케팅을 활용해서 HOG 활동을 정교하게 지원한다. 전용 어플을 이용하면 근처에 있는 다른 멤버들을 찾아서 소통하고 같이 라이딩을 즐길 수 있다. 또한 HOG 전용 콘텐츠 구독, 라이딩 마일리지 적립, 굿즈 구입 등의 활동을 할 수 있다.

2021년 개최된 '아시아 버츄얼 HOG 랠리'에서는 한국, 홍콩, 말레이시아 등 9개 국에서 700명의 HOG 멤버들과 1만 명 이상의 라이더들이 소셜 미디어에 모여서 브랜드에 대한 열정과 친목, 그리고 정보 등을 나누었다.

커뮤니티의 소통과 참여를 관리하고 조율하는 활동을 '커뮤니티 인게이지먼트'라고 한다. 브랜드는 커뮤니티에 속한 팬들과 지속적으로 소통해야 한다. 이때 중요한 점은 커뮤니티는 브랜드가 아닌 팬들을 위한 공간이라는 점을 기억하고, 커뮤니티의 활성화를 위해 지원해야 한다.

온라인기술
열혈팬들이 적극적으로 교류하면서 브랜드를 알리는 활동만큼 브랜드에게 힘이 되는 것은 없다.

효과적인 매체
브랜드 홈페이지, 커뮤니티 전용 어플, SNS

공공의 적을 만들어라.
결속력이 올라가리니

내집단 - 외집단 이론

아무런 조건 없이 사랑해주고, 항상 구매해주는 열혈팬이 있다면 정말 축복받은 브랜드다. 하지만 현실에서는 열혈팬이 있다면 열혈 안티팬들도 존재한다. 안티팬들은 툭하면 우리 브랜드의 약점과 잘못을 공격하고 언론에 안 좋은 소식을 흘린다. 안티팬만 없으면 정말 즐거운 인생일 것 같다.

하지만 안티팬이 정말 나쁜 효과만 갖고 있을까?

엘 클라시코에서 맞붙는 레알 마드리드와 FC 바르셀로나, 콜라 전쟁을 벌였던 코카콜라와 펩시콜라, 컴퓨터 산업에서 애플과 마이크로소프트, 스마트폰 시장에서 애플 아이폰과 삼성의 갤럭시 등은 모두 세계 최고의 브랜드이자 강력한 경쟁 상대였다. 이들은 강력한 경쟁자가 있기 때문에 더욱 발전했고, 경쟁을 통해서 열혈팬들 간의 내부 단합과 결속력을 강화할 수 있었다.

내집단 - 외집단 이론이 있다.

내집단은 내가 속해 있는 집단이고, 외집단은 내가 속한 그룹 외부에 있는 집단이다. 내집단과 외집단은 일반적으로 상호 배타적이다. 내집단에 대한 애정과 열정이 강할수록 외집단을 강하게 배척하게 된다. 레알 마드리드에 대한 팬심이 강할수록 FC 바르셀로나에 대한 반감과 공격심은 강해진다.

마케터들은 예전부터 내집단 - 외집단 이론에 근거해서 열혈 팬덤을 만들어왔다. 펩시콜라는 코카콜라에 대항마로서 성장했다. 애플은 애플 사용자는 자유분방하고 창의적이지만, 마이크로소프트 사용자는 중년의 사무직 남성이라는 이미지를 의도적으로 강조했다.

이처럼 마케팅은 자신만의 이미지를 구체적으로 설계하고, 소비자들에게 자신을 명확하게 전달하기 위해 상대방을 끌어들인다. 상대방의 이미지는 자신과 반대일수록 더욱 효과가 커진다.

이러한 마케팅 전략은 온라인 마케팅에서도 유지되고 있다. 디지털 마케터는 항상 전략을 수립할 때, 경쟁자를 선정해야 한다. 동네 어귀에 있는 작은 카페일지라도 누구와 경쟁을 하는지 명확히 이해하고 있어야 한다.

우리는 라떼가 맛있는데 경쟁 카페는 디저트가 맛있다면, 커피 전문가와 디저트 전문가의 경쟁으로 대결 구도를 설계할 수 있다. 그리고 우리 카페를 찾아오는 손님들이야말로 커피 맛을 잘 아는 커피 전문가라고 칭찬할 수도 있다. 또는, 개성 넘치는 디자이너 브랜드의 옷을 파는 스마트 스토어는 몰개성 시대에 반항하는 스토어라고 자신을 선언할 수도 있다. 그리고 똑같은 옷을 싫어하는 고객들을 공략한다.

내집단 - 외집단을 구분하고, 내집단에 들어온 고객들을 열혈 팬으로 만들겠다는 전략은 나쁘지 않다. 아직 브랜드가 자리잡기 전에는 충분히 시도할 수 있는 전략이다.

하지만, 내집단 - 외집단 전략을 사용해서 팬덤을 만들 때는 4가지 주의할 점이 있다.

① 내집단과 외집단의 갈등이 불필요하게 커지거나 사회적 문제를 일으키면 안 된다

주변 사람들의 눈살을 찌푸리게 할 정도의 갈등은 오히려 브랜드의 평판을 떨어뜨린다.

② 누구를 외집단으로 할지를 명확하게 해야 한다

경쟁이 불가능할 정도로 큰 기업을 외집단으로 삼을 경우, 주변 사람들의 비웃음만 살 수 있다. 그리고 외집단과 적절할 경쟁을 할 수 있을 정도의 역량과 실력을 갖추고 있어야 한다.

③ 누가 봐도 내집단과 외집단을 명확하게 구분할 수 있어야 한다

'왜 저들이 싸우고 있지?'라고 소비자들이 고개를 갸웃한다면 집단 간의 구분이 명확하지 않다는 것을 의미한다.

④ 비슷한 온라인 미디어를 기반으로 경쟁해야 한다

내집단은 페이스북을 중심으로 뭉쳐 있는데 경쟁자로 정한 외집단은 인스타그램에서만 활동을 한다면, 내집단과 외집단은 서로 만나서 싸울 일이 거의 없다. 서로 만날 기회가 없는 집단은 아무런 관계가 없는 집단일 뿐이다.

❗ POINT ↕

온라인기술
누구와 싸울지가 명확해지는 순간, 내부 구성원들의 단결력은 강화된다.

효과적인 매체
브랜드 홈페이지, SNS, 카톡 단톡방

군중이 아니라
목적이 있는 부족이 필요하다

온라인 마케팅을 하다 보면 자주 접하는 단어들이 있다. 바로 '군중'과 '부족'이라는 단어다.

• 군중
특정 장소에 특별한 목적과 의미 없이 모여 있는 사람들이다. 리더도 없고, 서로 적극적으로 소통하지도 않는다.
• 부족
서로 명확한 목적 및 신념을 공유한다. 이들을 이끄는 리더가 존재하고, 서로 적극적으로 소통한다.

아파트 단지에 있는 피트니스 센터에 가보자. 운동하는 사람들이 제법 있지만, 이들은 센터의 운동시설을 이용할 뿐이다. 서로 아무런 소통과 공유가 없다. 이들은 '군중'이다.

하지만, 몇 년 전부터 인기를 끌고 있는 F45 같은 피트니스 커뮤니티는 다르다. 트레이너의 지도하에 45분 동안 단체로 피트니스 활동에 참여한다. 운동이 끝나면 서로 사진도 찍고, 주말에는 따로 만나서 러닝도 한다. 이들은 F45를 중심으로 뭉친 '부족'이다.

부족은 힘이 강하다. 강력한 단합력을 보여주면서 서로를 도와주고 외부의 적에 대항한다. 부족은 구매력이 있다. 좋은 제품이 있으면 서로 추천한다. 심지어 부족원에게 선물하기도 한다. 부족은 방향성이 있다. 리더의 지휘에 따라 신속하게 움직일 수 있다.

이미 페이스북, 인스타그램, 유튜브, 네이버 블로그와 밴드, 그리고 무신사, 삼성 갤럭시 등 다양한 온라인 매체와 플랫폼에는 다수의 커뮤니티와 구독자들이 있다. 이들을 단순히 모여만 있는 '군중'이 아니라 서로 소통하고 뭉쳐 있는 '부족'으로 만드는 일이 중요하다. 열혈팬으로 거듭날 부족을 만들기 위해서는 다음과 같은 활동을 해보자.

- 명확한 방향성과 리더십을 보여줄 것
- 관심과 이해관계가 유사한 사람들을 모을 것
- 커뮤니티의 자발적인 소통과 참여를 이끌어 낼 것

만약 지금 커뮤니티를 운영 중이라면, 머릿수만 많은 군중인지 적지만 똘똘 뭉친 부족인지 파악해보자.

1만 명의 군중보다 1백 명의 부족이 더 큰 자산이다.

 POINT

온라인기술
커뮤니티에 참여한 사람들의 머릿수는 중요하지 않다. 숫자가 적더라도 한 목소리를 낼 수 있는 커뮤니티를 만들어야 한다.

효과적인 매체
네이버, 페이스북, 유튜브, 인스타그램, 브랜드별 커뮤니티

열혈팬을 이끌어줄
리더 한 명을 선정하라

리더와 열혈팬의 관계

온라인 마케팅은 군중이 아닌 부족을 중심으로 운영된다. 군중은 특별한 의미 없이 모여 있는 사람들이지만, 부족은 특정한 목적을 갖고 뭉쳐 있는 사람들이다. 군중은 개개인이 산발적으로 움직이지만, 부족은 부족장의 지시와 방향성에 따라 조직적으로 행동한다.

온라인 마케팅에서 부족은 특정 브랜드를 사랑하는 팬들의 모임을, 부족장은 이들 팬을 이끄는 리더를 의미한다. 어떤 부족장이 선출되느냐에 따라 부족의 운명이 결정된다.

여기서 중요한 질문이 있다.

온라인 마케팅에서 부족장, 즉 리더의 조건은 무엇일까?

어떤 조건을 갖춘 리더가 온라인 마케팅에서 열혈팬을 효과적으로 이끌 수 있을까?

세스 고딘은 누구나 리더가 될 수 있고, 누구나 부족을 이끌 수 있다고 한다. 이는 온라인 미디어를 통해 모인 팬들의 성향을 보면 쉽게 이해할 수 있다. SNS 미디어를 통해 자발적으로 특정 브랜드나 활동을 위해 모인 팬들은 열정과 관심을 제외하고는 특별한 공통점이 없다. 같은 성씨가 모여 있는 전통적인 부족이 혈연과 지연에 기반해서 촌장을 선출한다는 사실과 상반된다.

페이스북이나 네이버 카페에 모인 팬들에게는 팬덤 이외에는 공통점을 찾기 어렵다. 따라서 여러 팬들 중에서 더 큰 열정과 약간의 시간적 여유가 있는 사람들이 리더가 될 수 있다. 이외에도 온라인 팬들을 이끄는 부족장의 특징은 다음과 같다.[10]

- 부족장의 역할은 변화를 이끌어 내는 것이다.
- 부족장은 공식적인 권위를 필요로 하지 않는다.
- 커뮤니케이션과 연결성이 중요하다.
- 부족의 단합에 관심을 기울여야 한다.
- 부족장은 주도적으로 일하고 일을 성사시켜야 한다.

열혈팬들을 관리해야 하는 브랜드는 부족장에게 필요한 특징들을 잘 기억하고 활용하면 좋다.

하지만 현실적인 질문 2가지가 있다.

① "리더의 선출에 브랜드가 어느 정도 관여해야 하는가?"

정답은 없다. 이미 자발적으로 운영되는 팬덤이라면 일부러 관여할 필요는 없다. 조금만 잘못해도 내부에 큰 분란을 가져올 수 있기 때문이다. 새로운 팬덤을 만든다면, 신속한 초기 안정화를 위해 특정 팬을 지원하는 것이 효과적이다.

② "브랜드는 부족을 어떻게 지원해야 하는가?"

직접적으로 과도하게 지원하면 어느 순간 어용 단체라는 소리를 듣고, 너무 방임형으로 가면 부족은 본래의 취지를 잃어버릴 수도 있다. 최대한 자율성을 보장하고 팬들과 연결고리를 이어가는 것이 제일 좋다.

책임감 넘치고 브랜드를 정말 사랑하는 열혈팬이 부족장으로 있는 팬들의 모임은 브랜드에게 강력한 자산이 된다. 브랜드는 이러한 부족장이 자발적으로 뽑힐 수 있도록 지속적으로 관찰하고 후원해야만 한다.

레고 팬만을 위한
오디션이 열린다면?

고객 이벤트 기획법

블록 장난감의 대명사인 레고LEGO는 다양한 디자인과 재미있는 모형으로 유명하다. 레고는 전 세계적으로 열혈팬이 많은데, 뉴욕에서 잘나가던 변호사는 레고에 대한 열정으로 법률회사를 그만두고 유명한 레고 아티스트가 된 사례도 있다.[11]

열혈팬들은 자신들의 넘치는 열정과 애정을 표출하고 싶어 한다. 만약 이 열혈팬들의 참여와 열정을 계속 북돋아주는 이벤트를 만들어주면 어떻게 될까?

레고는 레고 아이디어스LEGO IDEAS라는 사이트를 통해 열혈팬들의 참여를 이끌어 내고 있다.

레고 아이디어스는 크게 4가지 카테고리로 구성된다.

- 아이디어 제출 : 아무런 제약 요건 없이 레고 아이디어 제출
- 챌린지 : 레고가 시기별로 지정한 테마에 맞는 디자인 제출
- 액티버티 : 레고가 정한 토픽에 맞는 간단한 아이디어 제출
- 매장 : 레고에서 채택된 아이디어 디자인을 판매하는 매장

레고 아이디어스에서 제일 중요한 카테고리는 아이디어 제출 카테고리인데, 여기서 뽑힌 레고 디자인은 대부분 상업화 과정을 거쳐 실제 매장에서 판매된다.

그런데 단순히 재미있고 좋은 디자인이라고 해서 선택되는 것이 아니다. 오히려 한국의 오디션 프로그램과 비슷한 형태로 이루어진다. 우선 멋진 아이디어를 구상한 후 이를 실제로 제작하고 사진을 찍어서 레고에 보낸다. 그러면 레고 본사에서 아이디어들을 일차적으로 판단하고, 선정된 아이디어들을 레고 아이디어스에 올린다. 이때부터 본 게임이 시작된다.

아이디어는 처음 60일 동안 인기투표를 한다. 60일 안에 1백 명의 서포터를 확보하면 12개월의 시간을 얻게 된다. 다시 1천 명의 서포터를 확보하면 6개월의 시간을 또 얻는다. 마침내 1만 명의 서포터를 확보하면 레고 전문가의 리뷰를 받는다.

그렇게 최종적으로 공식적 레고 아이디어로 등록되면, 팬들과의 모임 이벤트를 갖게 된다. 그리고 드디어 레고 아이디어는 상품화되어 온오프라인에서 판매된다.

여기서 2가지 시사점을 얻을 수 있다.

첫 번째는 팬들이 방문할 수 있는 이벤트를 정기적으로 만들어야 한다는 점이다.

레고 아이디어스는 시기별로 새로운 이벤트를 계속 제공한다. 챌린지 카테고리에서는 할로윈 시기에 '크리스마스의 악몽'을 소재로 아이디어를 받고 있다. 그리고 항상 새로운 아이디어들이 사이트에 업로드된다. 새로운 아이디어를 얻기 위해서라도 레고 팬들은 정기적으로 사이트를 방문하게 된다.

두 번째는 팬들의 참여를 이끌어 내는 방식이다.

팬들이 제출한 레고 디자인은 사이트를 방문한 레고 팬들의 서포터 수에 따라 상업화가 결정된다. 만약 내가 서포터로 참여한 아이디어의 서포터 모집이 잘 안 된다면? 당연히 나는 주변 사람들에게 내가 미는 아이디어를 소개하고 방문을 유도할 것이다. 그리고 이런 바이럴 활동을 통해 레고 아이디어스는 더 많은 회원을 확보할 수 있다.

오직 VIP만을 위한
어플을 개발하라

팬 중심의 온라인 어플 특성

인간관계의 핵심은 기브 앤 테이크가 아닐까?

주는 것이 있으면 받는 게 있어야 한다. 일방적으로 한쪽이 주기만 한다면 건강한 관계가 유지되기 힘들다. 온라인 마케팅 역시 마찬가지다. 절대적인 애정과 지원을 아끼지 않는 VIP일수록 자신을 알아봐주고 뭔가 특별한 서비스를 제공받기를 원한다.

아날로그 시대에는 열혈팬을 위한 특별한 공간, 즉 VIP 라운지를 많이 활용했다.

온라인 시대에는 어떻게 할까? VIP를 위한 차별적인 온라인 콘텐츠를 제공한다. 특히 금융권에서 자주 볼 수 있다.

- 하나은행은 하나원큐 어플 내에 VIP 전용 온라인 공간인 'VIP H 라운지'를 오픈했다.
- 광주은행은 광주 와뱅크 어플 내에 VIP 전용 'VIP Wa 라운지' 서비스를 오픈했다.

VIP 고객만 위한 특별한 온라인 콘텐츠는 유통업계에서도 찾아볼 수 있다. 예를 들어, 현대백화점은 VIP 고객들만 입장할 수 있는 폐쇄형 온라인 몰인 RSVP를 오픈했다. RSVP 몰은 명품 신상품 및 한정판 상품의 선공개 등의 서비스를 제공한다.[12] 금융과 유통업계에서 제공하는 이런 배타적 서비스는 기존에 운영하던 오프라인 라운지가 온라인 라운지로 진화한 형태다.

VIP만을 위한 어플의 주요 특징은 무엇일까?

① 철저한 배타성

오직 나만 이용할 수 있는 전용 어플, 그리고 나보다 더 잘나가는 사람들이 이용하는 전용 어플은 매력적이다. VIP 전용 어플을 통해 스스로에 대한 자존감과 만족감을 누릴 수 있다.

② 차별화된 서비스

다른 곳에서 볼 수 없는 제품 구색과 오직 소수만을 위한 콘텐츠, 그리고 나만을 위한 전용 컨설턴트 등을 VIP 전용 어플을 통해 누릴 수 있어야 한다. 일반 소비재 또는 패션 브랜드들도 VIP 전용 어플을 운영할 수는 있지만 한계가 있다. 오히려 수익 대비 서비스 구현을 위한 비용이 더 발생할 수도 있다.

VIP 전용 어플을 홍보할 필요는 없다. 오히려 과도한 홍보는 배타성을 해친다. 전용 상담사와 소수의 회원들에 의한 추천만으로도 충분하다. 고객과 브랜드 특성에 잘 어울리는 VIP 전용 어플은 VIP의 충성도를 높일 수 있는 좋은 수단이다.

! POINT ⌄

온라인기술
VIP 전용 어플은 철저한 배타성과 차별화된 서비스를 제공해야 한다.

효과적인 매체
금융 관련 회원제 어플, 명품 브랜드와 유통업체의 회원제 어플

이럴 수가! 존 시나가
나에게 말을 걸다니

인공지능 기술 활용

우리가 살면서 유명 영화배우나 스포츠 스타와 직접 대화를 나눌 기회가 얼마나 될까? 그런데 만약 제품에 불만이 있어서 콜센터에 전화했는데, 내가 좋아하는 연예인이 불만을 상담해준다면? 안내 멘트만 해주는 것이 아니라, 나와 대화를 하면서 문제를 해결해주려고 한다면? 기분이 금방 풀릴 것 같다.

이런 상상과 같은 일들이 인공지능을 통해 실현되고 있다.

페이스북의 모기업인 메타는 유명 영화배우인 주디 덴치, 존 시나 등과 같은 유명 연예인 5명의 목소리를 인공지능 챗봇에 차용해서 오디오 기능을 제공한다. 메타가 발표한 인공지능 챗봇은 인공지능이 학습한 음성합성 기술이다. 단순히 정해진 텍스트를 읽는 TTS 기술에서 발전해 인공지능이 맥락에 따라 생성한 대화를 자연스럽게 특정 목소리로 구현할 수 있다. 삼성전자에서도 2020년 '빅스비 셀럽 보이스'라는 유사한 서비스를 선보인 적이 있었다.

이미 많은 브랜드들은 유명 연예인과 계약을 맺고 이들의 목소리를 제한적으로 활용하고 있다. 하지만 대부분 정해진 안내문구만을 기계적으로 읽기 때문에 단순한 광고에 그친다.

하지만 인공지능의 도움을 받은 연예인 목소리는 나와 직접 대화한다는 점에서 엄청난 차이점이 있다. 더 나아가 인공지능 챗봇이 고객의 특성을 자동으로 분석해서 내가 좋아하는 연예인의 목소리를 자동으로 매칭시킨다면 만족도는 더욱 커질 것이다.

이런 인공지능 기반의 음성 서비스는 현재 대기업들만 가능하다. 하지만 인공지능의 발전 속도가 빨라진 만큼 조만간 작은 브랜드들 역시 이런 서비스를 이용할 수 있을 것이다.

❗ POINT ⌄ —————————————————————

효과적인 매체
콜센터, 인공지능 챗봇, 전화 응대

————————————————————————————

콘텐츠의 클라이맥스는
한 번 끊고 가는 것

다음 편을 기다리게 하는 기술

최근 관심 있게 보는 SNS 서비스가 바로 스레드^{Threads}다. 페이스북의 모회사인 메타에서 2023년 출시한 서비스로, X(예전의 트위터)에 대항하기 위해 메타에서 출시된 텍스트 위주의 소셜 네트워크 서비스다. 스레드는 메타가 제공하는 인스타그램과 계정 공유 및 팔로워 연동 등이 가능하기 때문에 출시 초기부터 빠르게 구독자를 확보할 수 있었다.

특히, 강점은 '글자 수 제한'이다. 스레드는 이미지 중심의 인스타그램과 달리 텍스트 중심의 SNS다. 따라서 스레드 유저들은 게시글을 통해 소통하고 자신만의 팔로워와 팬을 모아야 한다. 얼핏 생각하면 게시글을 정성스럽고 자세히 적어야만 할 것 같다. 하지만 스레드의 생각은 달랐다. 그리고, 그 결과는 성공이었다.

스레드의 게시글은 한 번에 500자만 쓸 수 있다. 이게 얼마나 되는 분량일까? 일반적으로 X가 약 140자, 인스타그램이 2천2백자 정도 되니까, 500자는 다소 애매한 분량이다.

쓸 수 있는 글자 수가 500자밖에 안 되다 보니, 일반적으로 스레드에서는 반말로 게시글을 올리고 반말로 댓글을 쓴다. 다소 무례하게 보일 수도 있지만, 오히려 반말체는 흔히 스친이라고 불리는 스레드 유저들 사이의 친밀도를 높이는 효과가 있다.

무엇보다 500자 안에서 글을 쓰다 보니 어중간한 부분에서 글을 멈추게 된다. X처럼 아예 짧으면 처음부터 간결하고 강력하게 썼을 텐데, 500자를 믿고 쓰다 보니 글이 길어진다. 그러다 보니, 스레드의 게시글은 종종 "다음 편에 계속…" 혹은 "나머지는 댓글에서"와 같은 형태로 끝난다.

한참 흥미롭게 게시글을 읽고 있는데, 갑자기 클라이맥스에서 글이 잘린 것이다. 조금만 더 보면 결론을 알 수 있으니, 다음 글을 안 읽을 수가 없다. 손가락을 움직여 다음 글을 읽다 보면 어느새 팔로워 신청을 하고 있는 나 자신을 발견하곤 한다.

스레드 유저가 댓글을 통해 게시글을 이어나가면, 스친들 역시 댓글을 통해 자연스럽게 대화에 참여하는 것을 볼 수 있다. 댓글을 통해 대화를 오기면서 상대방의 게시글 역시 방문하게 된다. 만약 스레드가 한 번에 온전한 게시글을 쓸 수 있도록 했다면 지금처럼 활성화될 수는 없었을 것이다.

클라이맥스가 되기 전에 한 번 끊고 가는 것.

이건 방송계의 오랜 관행이자 시청률을 높이는 수단이다. 스레드 역시 같은 방법을 사용했고, 이용자들의 불만보다는 오히려 호응을 얻고 있다. 보다 자연스러운 참여와 팔로워를 확보할 수 있기 때문이다.

소비자는 온라인에서 아주 짧은 순간에 다음 게시글로 이동할지를 결정한다. 팬들의 이탈률 역시 매우 높다. 하지만 적절한 타이밍에서 한 번 끊어준다면 이용자들은 호기심 때문에 다음 게시물로 이동한다. 그리고 자신도 모르게 서서히 열혈팬이 된다.

❗ POINT ↕

온라인기술
스토리의 클라이맥스 전에 한 번 툭 끊어주자. 호기심 때문에라도 이용자들은 계속 남아 있다.

효과적인 매체
스레드, 인스타그램, X, 페이스북, 네이버 카페, 블로그

하루만 볼 수 있다는
특권 아닌 특권

24시간 한정 콘텐츠의 힘

'롱블랙'이라는 구독 서비스는 유익하고 트렌디한 비즈니스 소식을 전달한다. '하루 한 번의 성장, 롱블랙'이라는 슬로건을 갖고 있다. 롱블랙은 요즘 유행하는 SNS 미디어와는 달리 제법 글자가 많은 콘텐츠를 지향한다. 더 정확히 말하자면, 대부분 글자밖에 없는 콘텐츠다.

반면에, 인스타그램이 제공하는 '스토리'는 소위 인스타그래머블한 멋지고 트렌디한 이미지와 동영상을 지향한다. 인스타그램 스토리를 즐겨 보는 사람은 활자보다 이미지를 선호한다.

롱블랙과 인스타그램 스토리는 지향하는 내용과 포맷이 너무 다른 온라인 미디어다. 하지만 한 가지 공통점이 있다. 이것이 인기 비결이자 팬덤의 핵심이다.

인스타그램 스토리와 롱블랙의 콘텐츠는 오직 24시간 동안만 볼 수 있다. 콘텐츠의 품질과 이미지의 세련미에 상관없이 업로드된 후 24시간이 지나면 더이상 볼 수 없다. 아무나 볼 수 있는 것도 아니다. 롱블랙은 오직 유료 구독자들만 신규 콘텐츠를 24시간 동안 볼 수 있고, 인스타그램 스토리는 해당 계정을 팔로워 한 사람들만 볼 수 있다.

얼핏 생각하면 24시간만 볼 수 있는 콘텐츠가 무슨 효과가 있을까 싶다. 잘 만든 콘텐츠를 더 확산하고 지속적으로 노출시켜야 하지 않을까? 하지만 우리들은 '24시간 한정'이라는 온라인 소멸성에 크게 영향을 받는다.

아무리 중요한 내용일지라도 계속 지속된다면 지금 당장 볼 필요가 없다. 하지만 별로 중요하지 않더라도 금방 사라진다면 왠지 지금 당장 가봐야 할 것 같다. 이처럼 '24시간 한정'이라는 시간적 제약은 사람들이 지속적으로 관심을 갖게 만든다.

내가 늦게 방문해서 이미 다른 사람들은 다 아는 정보를 나만 모를 수도 있고, 꼭 보고 싶었던 소식을 놓칠 수도 있다. 시간적 소멸성을 가진 콘텐츠는 사람들을 불러모으는 힘이 있다.

시간적 소멸성을 지닌 콘텐츠는 다양한 형태로 사용될 수도 있다. 예를 들어, 카페에서 매일 아침 7시부터 30분 동안만 커피에 샷을 무료로 추가해준다고 인스타그램에 올릴 수도 있다.

　세상에서 제일 귀한 자원이 바로 '시간'임을 명심하자. 시간을 이용해서 팬덤을 확보하는 방식이므로 세상에서 가장 비싼 마케팅 방식일 수도 있다.

온라인기술
소비자들은 특정 시간에만 볼 수 있는 콘텐츠에 민감하다.

효과적인 매체
인스타그램, 페이스북, 다양한 구독 서비스, 홈페이지

열혈팬도 언제든지
마음을 바꿀 수 있다

팬 이탈 현상의 대응법

브랜드와 열혈팬은 서로 영혼의 파트너처럼 늘 행복할 줄 알았지만, 어느 순간 틈이 보이기 시작한다.

아름다운 이별은 없다고 하는데, 브랜드와 열혈팬 사이의 이별 역시 아름답지는 않다. 이러한 이별을 흔히 팬 이탈 현상이라고 말한다.

넷플릭스가 2022년 요금 인상 및 계정 공유 금지 정책을 시작하자, 많은 구독자가 넷플릭스 구독을 철회했다. 한편, 페이스북의 개인 정보 불법 수집 사건으로 수백만 명의 고객들이 페이스북을 이탈했다. 또한, 유튜브가 콘텐츠 크리에이터 정책을 변경하고 수익 창출 기준을 강화하자 많은 크리에이터가 트위치 등으로 이동했다.

온라인 분야에서는 브랜드의 정책 변경 혹은 보안 문제 등이 발생하면 팬 이탈 현상이 자주 발생한다. 온라인 환경에서는 대안을 쉽게 발견할 수 있기 때문이다.

넷플릭스가 싫으면 디즈니 플러스나 왓챠로 이동하면 된다. 유튜브가 싫으면 트위치나 네이버 치지직 등으로 이동하면 된다. 이동하는 데 시간과 돈도 거의 들지 않는다. 물론 열혈팬의 이탈 현상에는 다양한 요인이 있다.

내적 요인과 외적 요인으로 구분해 살펴보자.

• 브랜드 정책 및 품질 등 내적 요인
품질 및 서비스의 저하, 브랜드 이미지 변신, 열혈팬에 대한 관심 부족, 열혈팬과의 소통 부재, 내부 운영 정책 변화 등

• 외부 환경 및 경쟁 등 외적 요인
시장 트렌드의 변화, 라이프 스타일의 변화, 새로운 경쟁자의 등장, 유통 및 소비 환경의 변화 등

항상 새로운 온라인기술과 미디어가 등장하기 때문에 외적 요

인을 피힐 수 없다. 내부 정책 역시 환경이 변함에 따라 변경될 수 있다.

여기서 가장 주의할 점은 열혈팬에 대한 관심 및 소통이 부족해지는 현상이다. 열혈팬이라고 해서 무조건적인 사랑과 희생만 하지 않는다. 자신들이 브랜드를 사랑하는 만큼 브랜드들 역시 열혈팬들을 인정하고 긴밀하게 소통하기를 원한다. 그리고 열혈팬들은 그만큼의 가치를 발휘한다.

온라인 마케팅은 열혈팬의 이탈을 막을 수 있는 다양한 방법을 제공할 수 있다.

먼저 인공지능 기반의 솔루션을 활용해 개인화된 콘텐츠를 제공할 수 있다. 최근 구매 및 활동 데이터를 분석하여 고객이 선호하는 정보와 콘텐츠를 제공할 수 있다. 또한, 고객과의 잦은 소통 시간을 가져야 한다. 브랜드 담당자가 라이브 방송을 통해 팬들과 소통할 수도 있다.

무엇보다 중요한 것은 가치 있는 로얄티 프로그램을 제공하는 것이다. 로얄티 프로그램이라고 하면 포인트를 적립해 주는 것만을 생각하지만 훨씬 다양하다. 열혈팬에게만 특정 콘텐츠에 대한 접근 권한을 주거나, 이들만을 위한 사전 이벤트 참여권을 줄 수도 있다. 열혈팬들이 자신들만의 배타적 권리를 느낄 수 있는 방법이라면 무엇이든 가능하다.

팬 이탈 현상은 피할 수 없다. 하지만, 브랜드가 지속적인 관심을 가지고 열혈팬들을 관찰하고 소통한다면 최소화할 수 있다.

온라인기술
열혈팬의 이탈만큼 큰 손실은 없다. 열혈팬에 특화된 콘텐츠 제공 및 적극적 소통을 통해 팬 이탈을 최소화해야 한다.

효과적인 매체
브랜드 홈페이지, 브랜드 커뮤니티, 챗봇, 네이버 카페, SNS 플랫폼

SSG랜더스는
야구단이야? 팬클럽이야?

열혈팬의 레버리지 효과

국내 프로 야구팀 중에서 가장 화제성이 높은 팀은 SSG랜더스다. 야구 실력과 실적도 좋지만, SSG랜더스가 열혈팬과 함께 펼치는 다양한 마케팅 활동이 주목을 받는다. SSG랜더스는 야구단에 대한 팬덤을 전국적인 축제로 확장했고, 이를 통해 열혈팬을 다시 확보하고 있다.

SSG랜더스는 신세계 계열사인 이마트에서 운영하고 있다. SSG는 신세계의 '쓱SSG' 배송을 떠올린다.

SSG랜더스가 시즌 우승이라도 하면 이마트에서 랜더스데이를 개최하면서 파격적인 프로모션을 진행한다. SSG랜더스를 응원하는 팬들보다 이마트와 SSG를 이용하는 소비자들이 훨씬 많지만, 이들을 하나로 묶어주는 역할을 팬클럽이 담당한다.

SSG랜더스는 온라인 마케팅을 이용해 팬클럽을 제대로 활용한다. 한정판 유니폼을 SSG닷컴, 스타벅스 데이, 노브랜드버거 데이와 연계해 판매한다. 특히 노브랜드버거[NBB] 데이는 공식 SNS와 전용 어플을 통해 선정된 고객들에게는 다양한 혜택을 제공했다. 한정판 유니폼 판매라는 명분으로 계열사들의 브랜드 인지도와 고객 방문을 자연스럽게 증대시켰다.

또한, 신세계 유니버스 클럽의 홍보를 위해서도 SSG랜더스를 활용했다. 모바일로 신세계 유니버스 클럽 가입자 중 6천 명을 추첨하여 시합에 초청했다. 6천 명 중에서 SSG랜더스 팬들은 소수일 것이다. 하지만, SSG랜더스는 추첨 행사를 통해 신규 팬을 확보하고, 신세계 유니버스 클럽은 회원의 충성도를 높일 수도 있었다.

이처럼 기존의 열혈팬들을 다양한 목적, 즉 계열사 및 신규 서비스 홍보 등으로 쓰는 활동은 일종의 '레버리지' 전략이다. 마치 지렛대를 움직이듯 열혈팬을 움직여서 더 크고 다양한 활동으로 이어지기 때문이다.

애플이 신제품 발표회를 생중계하는 이유

라이브 스트리밍 활용 방법

애플 신제품 발표회의 호스트는 과연 누구일까?

이제는 전설이 된 스티브 잡스? 현재의 CEO인 팀 쿡? 혁신적인 기능을 선보이는 신제품? 이들 모두 애플 발표회의 핵심이다. 하지만, 자리를 조금만 이동하면 발표회의 주역들을 볼 수 있다. 바로 애플을 열광적으로 사랑하는 팬들이다. 객석에서 열광적으로 애플 브랜드와 신제품을 환호하는 열혈팬들이야말로 발표회의 하이라이트를 장식하는 주인이다.

애플은 신제품 발표회 혹은 주요 행사가 있을 때면 애플의 열혈팬들을 행사 장소에 초대한다. 그리고 열혈팬들이 현장에서 열광하는 생생한 모습을 그대로 유튜브 및 라이브 방송으로 내보낸다. 전 세계에 있는 애플 팬들과 잠재 소비자들은 행사장에 참석한 열혈팬들의 모습을 보면서 대리만족을 느낀다.

레고 같은 장난감 브랜드도 신제품 발표회에서 열혈팬의 모습을 보여준다. 레고가 운영하는 비대면 레고 페스티벌인 '레고 콘'에는 전 세계의 열혈팬들이 나와서 레고에 대한 자부심과 신제품을 선보인다. 집에서 레고 콘을 시청하는 레고 이용자들은 열혈팬들을 통해 새로운 자극과 아이디어를 얻게 된다.

이외에도 나이키, 테슬라 등의 브랜드들 역시 자사의 이벤트에 열혈팬들을 적극적으로 참여시키고, 이들의 모습을 라이브 방송으로 생생하게 선보인다.

열혈팬들은 브랜드가 개최하는 행사에 적극적으로 참여해서 자신들이 지닌 열정을 자랑스럽게 보여준다. 이 모습을 보면서 일반 소비자들은 열혈팬과 공감대를 형성할 수 있고, 단순히 관심만 가지고 있던 잠재 소비자는 구매 단계로 다가갈 수 있다.

거대한 브랜드들만 열혈팬을 이벤트에 초대하는 것은 아니다. 작은 브랜드, 작은 카페, 작은 마카롱 가게들 역시 열혈팬을 통해 그들의 열정을 라이브로 전파할 수 있다. 신제품 마카롱을 처음 판매하는 날, 자은 매장에 단골 고객들을 초대하면 된다. 마카롱을 시식하고 좋아하는 모습을 재치있게 찍어서 인스타그램에 올려도 동일한 효과를 볼 수 있다.

여기서 중요한 점은 열혈팬들의 열정이 온라인 넘어 전파될 수 있도록 기획하고 촬영하는 것이다. 절대로 열혈팬들을 음지에서만 활동하게 하지 말자.

온라인기술
열혈팬들의 생생한 모습을 라이브 방송으로 촬영해서 올리자. 그들의 열정이 새로운 팬들을 불러모은다.

효과적인 매체
브랜드 홈페이지, 브랜드 커뮤니티, 유튜브, 인스타그램, 페이스북, 틱톡

3짱

온라인에서
바로 써먹는
브랜드 전략 16가지

"어떻게 해야 돈 되는 브랜드를 만들까?"

요즘 세상에 브랜딩은
선택이 아닌 필수

온라인 기반의 브랜딩 전략

누구나 브랜딩을 말하는 시대가 되었다. 비즈니스 모델을 아직 갖추지 못한 스타트업도 브랜딩을 말하고, 이제 막 가게를 오픈한 베이글 가게도 브랜딩을 말한다. 퍼스널 브랜딩, 로컬 브랜딩, 플레이스 브랜딩 등 다양한 브랜딩이 유행이다.

왜 누구나 브랜딩을 하는 세상이 되었을까?

온라인 미디어가 늘어나고, 기술이 발전하면서 브랜딩에 들어가는 돈과 시간을 크게 줄일 수 있기 때문이다. 예전에는 30초 텔레비전 광고를 위해 몇억 원을 써야 했지만, 지금은 30분 홍보용 동영상을 몇백만 원에 유튜브에 올릴 수 있다. 예전에는 유명 텔

런트를 힘들게 섭외해서 사진 몇 장을 찍은 후 매장 앞에 진열했지만, 지금은 생성형 인공지능으로 매장의 콘셉트를 잘 보여주는 사진을 만들어서 활용할 수 있다. 심지어 모두 무료다.

예전에는 유명 광고대행사에 의뢰해야 쓸 만한 광고기획서와 광고카피가 나왔지만, 지금은 인공지능을 활용해서 광고기획서와 카피를 만들 수 있다. 그것도 내가 원할 때까지.

온라인기술의 발전으로 온라인 브랜딩이 쉬워졌지만, 반대로 이제는 브랜딩을 하지 않으면 생존할 수 없는 세상이기도 하다.

과거의 명성과 브랜드 자산은 더이상 유용하지 않다. 매일 새로운 브랜드가 새로운 온라인 미디어를 이용해서 등장한다. 과거에 안주하는 순간 전통적인 브랜드는 뒤떨어진 브랜드로 인식된다. 적극적이고 감각적인 브랜딩 활동을 하고, 브랜드를 지키지 않으면 생존할 수 없는 세상이 되었다.

 POINT

온라인기술
최소의 비용과 시간을 투입해서 나만의 브랜드를 만들어야 한다.

효과적인 매체
브랜드 홈페이지, 네이버, 구글, 유튜브, 인스타그램, 페이스북

런던 베이글 뮤지엄과
프라하 베이글 뮤지엄?

브랜드 아이덴티티의 비밀

- 런던 베이글 뮤지엄

- 무신사

- 경주

- 스타벅스

이 명칭들의 공통점은 무엇일까?

얼핏 보면 공통점이 없다. 베이글 가게, 패션, 관광지, 그리고 글로벌 카페 등 업종과 주력 제품, 소비자 등이 모두 다르다. 하지만, 우리는 이들을 모두 브랜드라고 부른다. 베이글 브랜드, 패션 브랜드, 로컬 브랜드, 글로벌 브랜드 등처럼 이들은 특정 분야를 대표하는 브랜드다.

런던 베이글 뮤지엄을 왜 브랜드라고 부를까?

상호가 등록되어 있어서? 그렇다면 '프라하 베이글 뮤지엄'이라는 상호를 등록하고 비슷한 매장을 오픈하면 바로 브랜드가 될까? 법률적으로는 브랜드지만, 소비자들의 인식 속에서는 아직 브랜드가 아니다.

'런던 베이글 뮤지엄'과 '프라하 베이글 뮤지엄'은 어떤 차이점 때문에 브랜드 여부가 결정될까?

가장 중요한 차이점은, 런던 베이글 뮤지엄은 자신만의 정체성을 소비자들에게 명확하게 전달한다는 점이다. 브랜딩에서 자신만의 정체성을 '브랜드 아이덴티티'라고 말한다. 남들이 갖고 있지 못한 자신만의 정체성을 온전히 가지고 있을 때, 개별적인 브랜드로 인식될 수 있다.

예를 더 들어보자.

무신사는 어떠한가? 흔히 무신사 스타일이라고 불리는 특정한 패션 스타일과 가격대 등이 뚜렷하게 형성되어 있다. 스타벅스는 집과 일터 사이를 이어주는 제3의 공간이라는 브랜드 정체성을 갖고 있다.

브랜드 아이덴티티를 소비자들의 머릿속에 구체적으로 구현하는 것은 쉽지 않다. 제법 품이 많이 들어가는 일이다. 우선 브랜드를 만들 때부터 무엇을 지향하고 어떤 이미지를 전달하려는지를 구체적으로 고민해야 한다.

또한, 누구를 타깃 소비자로 할지도 고민해야 한다. 누구에게 어떤 이미지를 전달할지 정하는 작업은 쉽지 않다. 남들과 차별화되고 함부로 타협할 수 없는 정체성을 만드는 작업이기 때문이다. 하지만 이런 고민보다 더 중요하고 어려운 일이 남아 있다. 바로 자신만의 정체성을 현실에서 구현하고 보여주는 일이다.

브랜드 정체성이 '세상에서 처음 만나는 커피'라면, 실제 매장에서는 남들과 다른 맛과 특성을 지닌 커피를 제공해야 한다. 남들과 유사한 원두를 쓰면서 매장 인테리어를 조금 새롭게 했다고 해서 '세상에서 처음 만나는 커피'라는 브랜드 아이덴티티가 형성될 수는 없다. 단지 겉치레로 잠시 인기를 끌 뿐이다.

만약 브랜드 아이덴티티를 현실에서도 제대로 구현했다면, 마지막 단계는 사람들에게 알리는 활동이다. 아무리 멋진 브랜드를 만들어도 사람들이 모른다면 아무런 쓸모가 없다. 이때부터 온라인 마케팅이 본격적으로 힘을 발휘하게 된다.

온라인 마케팅만큼 브랜드 아이덴티티를 타깃 소비자들에게 정확하게 그리고 가성비 있게 전달하는 매체는 없다.

　인스타그램, 유튜브, 네이버 광고, 스마트스토어, 네이버 플레이스 등을 통합적으로 활용한다면 브랜드 아이덴티티가 제대로 녹아있는 제품과 매장 등을 홍보하고 판매할 수 있다.

온라인기술
자신만의 정체성이 명확한 브랜드 아이덴티티를 정립하자. 남들과 다른 브랜드 아이덴티티는 온라인 마케팅의 기본이다.

효과적인 매체
브랜드 홈페이지, 브랜드 커뮤니티, 네이버, 구글, 유튜브, 인스타그램, 페이스북

온라인에 맞는
브랜드 스토리는 따로 있다

매출과 광고까지 연계되는 브랜드 스토리

미국의 안경 브랜드인 '와비파커', 신발 브랜드인 '올버즈', 한국의 패션 피트니스웨어 브랜드인 '안다르' 등은 분야와 제품군이 다르다. 하지만, 브랜드 관점에서 몇 가지 유사점을 갖고 있다.

브랜드의 창업 스토리, 즉 창업자가 브랜드를 출시하게 된 이유를 강조하고, 창업 과정에서의 직면한 어려움과 해결 방법, 그리고 온라인에 특화된 비즈니스 모델 등을 강조한다.

미국 안경 브랜드인 와비파커는 2010년에 탄생했다. 와비파커의 4명의 창업자들은 안경에 대한 평소의 불만들, 예를 들어 안경 하나에

700달러나 내야 하고, 오프라인 매장에서만 안경을 맞춰야 하는 불편함을 해결하고자 했다.

당연하지만, 와비파커의 솔루션은 온라인으로 광고하고 온라인으로 안경을 판매하는 방식이었다. 자사몰에서 안경을 주문하면 5개의 안경을 보내주고, 집에서 이들을 착용한 후에 제일 어울리는 안경을 주문한다. 배송받은 5개의 안경은 무료로 반품한다. 가격은 안경테와 안경알을 포함해서 100달러 전후다.

와비파커는 이러한 비즈니스 모델을 완성하기 위해 기존의 강력한 안경 브랜드들과 싸워야 했다. 결국 와비파커는 2020년 전후로 가장 성공적인 브랜드가 되었다.

안다르 역시 마찬가지다. 요가 강사인 창업자는 마음에 드는 디자인과 기능성을 지닌 요가복을 찾을 수가 없었다. 그래서 직접 디자인하고 제작했다. 합리적인 가격으로 요가복을 공급하기 위해 온라인 마케팅을 활용하고 온라인에서 제품을 판매했다. 그리고, 큰 성공을 거두었다.

얼핏 보면 흔한 브랜드의 성공 스토리처럼 보일 수 있다. 하지만 온라인 관점에서 살펴본다면, 이러한 브랜드 스토리는 온라인 마케팅 및 이커머스와 자연스럽게 연계되고 있다.

성공한 온라인 브랜드의 3가지 공통점을 살펴보자.

① 온라인 기반의 솔루션

기존의 문제점을 IT 및 온라인을 활용해서 혁신적으로 해결함. 특히, 가격을 크게 낮추거나 배송 기간을 크게 단축함.

② 온라인 중심의 판매

어떤 이유로 자사몰 혹은 이커머스 플랫폼을 이용해야 하는지를 설명하고, 자사몰에 대한 지속적 방문을 유도함.

③ 비슷한 문제 때문에 불편을 느낀 사람들을 하나로 묶음

동일한 문제의식 혹은 불만사항을 갖고 있는 사람들과 정서적인 공감대를 형성해서 이들이 자발적인 열혈팬이 되도록 함.

브랜드 스토리는 흔히 진솔해야 한다고 믿는다. 하지만, 브랜드 스토리는 전략적 관점과 사업적 통찰력을 필요로 한다. 브랜드 스토리를 세밀하게 구성하고 전파해야 한다.

❗ POINT ↕

온라인기술
온라인에 기반한 비즈니스 모델과 창업 스토리를 설명하면 좋다.

효과적인 매체
브랜드 홈페이지, 자사몰, SNS, 나무위키, PR 기사

아디다스가 톰 브라운을 상대로
소송하는 이유는?

브랜드 연상 관리법

아디다스와 톰 브라운. 두 브랜드의 공통점을 아는가?

아디다스가 비록 유명한 스포츠 브랜드지만, 명품 시장에 진입했다는 소식은 없다. 또한, 톰 브라운이 기능성 스포츠 의류 시장에 진입했다는 소문도 듣지 못했다. 하지만, 이들 브랜드는 현재 소송 중이다. 소송은 아디다스와 톰 브라운이 각각 사용하고 있는 삼선과 사선 줄무늬 때문에 시작했다.

아디다스는 전통적으로 자사의 제품에 삼선, 즉 세 개의 줄무늬를 디자인 모티프로 활용하고 있다. 톰 브라운 역시 양말, 카디건 등에 사선, 즉

네 개의 선을 종종 디자인 요소로 사용한다.

아디다스는 톰 브라운이 사선 줄무늬를 사용하여 자사의 제품으로 착각을 유도한다고 주장하며 소송을 제기했다. 물론 톰 브라운은 말도 안된다고 반발하고 있다.[13]

아디다스가 얼핏 보면 말도 안 되는 소송을 톰 브라운에 제기한 이유는 삼선 줄무늬가 아디다스의 중요한 브랜드 자산이자 연상 이미지의 핵심이기 때문이다. 즉, 삼선 줄무늬가 들어간 패션 브랜드를 보면 바로 아디다스가 떠오르기 때문이다.

이처럼 특정 브랜드를 머릿속에 떠올렸을 때 바로 생각나는 이미지나 감각 등을 브랜드 연상이라고 한다. 잘 정립된 브랜드일수록 강력한 브랜드 연상을 하고 있다.

브랜드와 강하게 연결된 연상 이미지는 엄청난 광고 자산이 된다. 연상 이미지만 적절히 활용해도 소비자들이 바로 특정 브랜드를 떠올리기 때문이다. 삼선 줄무늬가 들어간 옷을 입은 스타가 파파라치에게 찍힌다면 사람들은 사진을 보고 자연스럽게 '아디다스'를 떠올린다.

아디다스 외에도 강력한 브랜드들은 자신만의 브랜드 연상을 가지고 있다.

예를 들어보자.

- 코카 콜라 : 붉은색 옷을 입은 산타와 북극곰
- 버버리 : 체크무늬 및 버버리 코트
- 구글 : 검색 엔진, 정보와 지식

소비자들이 오랫동안 사랑하는 브랜드로 성장하기 위해서는 자신만의 브랜드 연상을 지니고 있어야 한다. 그리고 아디다스가 줄무늬만 보면 소송을 거는 것처럼, 브랜드를 지키기 위해서는 무슨 일이라도 해야 한다.

 POINT

온라인기술
브랜드를 바로 떠올릴 수 있는 강렬한 브랜드 연상 이미지는 브랜드를 위한 최고의 광고 모델이다.

효과적인 매체
브랜드 홈페이지, 자사몰, SNS

온라인 시대에도
브랜드 일관성이 필요한가?

브랜드 일관성과 다양성

글로벌 브랜드가 기존 광고대행사와 연간 계약을 다시 체결했다. 브랜드의 재무 최고책임자가 계약서 금액을 보면서 말했다.

"매번 비슷한 광고 캠페인만 하던데, AE광고 기획자가 10명이나 필요해요? AE 숫자만 줄여도 광고비를 엄청 절약할 텐데⋯."

옆에 있던 광고대행사 사장이 계약서를 챙기면서 조용히 말했다.

"사실 광고 캠페인을 위해서는 1명의 AE로 충분합니다. 나머지 9명의 AE는 밑도 끝도 없이 새로운 캠페인을 하자는 클라이언트를 말리기 위해 필요합니다."

광고내 행사에서 진설처럼 전해지는 에피소드다.

다소 과장되었지만 광고대행사 사장의 의도는 명확하다. 일관된 광고 캠페인을 진행해서 소비자에게 명확한 브랜드 이미지를 심어주라는 것이다. 틀린 말은 아니지만, 온라인 시대에는 100% 맞는 말도 아니다.

아날로그 시대에는 브랜딩을 위한 광고 캠페인이 매우 비싼 투자였다. 불확실한 브랜딩 활동을 위해 천문학적인 예산을 텔레비전 및 신문 광고에 투입했다. 당연히 소비자들에게 익숙한 브랜드 아이덴티티와 연상 이미지에 영향을 줄 수 있는 새로운 광고 캠페인에 보수적일 수밖에 없었다.

또한, 브랜드 일관성이라는 관점에서 소비자들에게 일관된 모습을 보이는 것도 매우 중요하게 여겼다. 브랜드 일관성은 다음과 같이 다양한 영역에서 보여질 수 있다.

① 톤앤매너 관점의 일관성
브랜드의 광고 캠페인의 형식 및 스타일 등이 항상 유사하며 동일한 느낌을 전달함.

② 광고 매체의 일관성
타깃 소비자들이 선호할 뿐만 아니라 브랜드와 잘 어울리는 특정 광고 매체를 꾸준히 이용함.

③ 광고 메시지의 일관성

브랜드가 광고를 통해 전달하는 광고 카피 및 핵심 메시지 등이 언제나 유사하거나 동일함.

일관된 메시지와 이미지, 동일한 광고 매체에서 볼 수 있는 광고는 소비자가 일관된 브랜드 아이덴티티를 형성할 수 있도록 도와준다. 물론 아날로그 시대에는 무조건 통용되는 방식이다.

하지만, 온라인 시대에는 브랜드 일관성을 조금 다르게 접근해야 한다. 브랜드 일관성과 브랜드 다양성을 동시에 고려해야 한다. 브랜드의 다양한 모습을 적절히 보여줌으로써 주목도 및 생명력을 확장한다.

브랜드 다양성은 무수히 많은 온라인 미디어와 소비자들의 짧은 주의력 때문에 필요하다. 지금은 하루가 멀다고 새로운 온라인 미디어가 나온다. 인스타그램 안에서도 유행하는 계정들은 수시로 바뀐다. 따라서 특정한 온라인 미디어를 전담 광고 매체로 활용하는 것은 바람직하지 않다. 광고 매체의 일관성을 기대하기 힘든 시대가 되었다.

온라인에 익숙한 소비자들은 참을성이 없다.

도파민 출력을 극대화할 수 있는 새로운 콘텐츠가 보이면 바로 화면을 바꿔버린다. 새롭지 않거나 재미있지 않으면 선택받을 수 없다. 이런 상황에서 브랜드의 일관성을 항상 유지하는 것은 옳지 않다. 오히려 브랜드의 다양한 모습들을 다양한 온라인 미디어를 통해 보여주는 것이 효과적이다.

명품 브랜드인 구찌는 온라인 미디어를 활용해서 브랜드의 다양성을 잘 보여준다. 구찌는 모바일 테니스 게임인 테니스 클래시와 협업해서 게임 속 캐릭터에 구찌 의상을 입혔다. 또한, 구찌 타운이라는 메타버스도 창조했다. 온라인 미디어를 적극 포용하며 브랜드가 확장할 수 있는 다양한 이미지를 제공하고 있다.

 POINT

온라인기술
지금은 브랜드 일관성뿐만 아니라 다양성이 중요하다. 참을성 없는 온라인 고객을 위해 브랜드 다양성을 준비하자.

효과적인 매체
브랜드 홈페이지, 네이버 광고, 유튜브, 인스타그램, 페이스북

고객을 포위하듯
광고의 양을 늘려라

물량이 품질을 결정

한 편의 명작을 만드는 마음으로 많은 시간과 돈을 들여서 멋진 광고를 제작하는 시대는 끝났다. 광고를 보는 사람들도 더이상 영화를 감상하듯 광고를 보지 않는다.

온라인 시대가 됨에 따라 광고는 오히려 힘을 잃고 있다. 세상을 바꾸는 광고 대신 고객 한 명에게 집중하는 마이크로 광고만이 살아남는 시대가 되었다.

이런 환경 속에서 온라인 광고는 질보다 양에 집중해야 한다. 영혼을 담은 광고 한 편보다는 고객의 일상을 360도 포위할 수 있는 짧은 광고들을 풍부하게 제작하는 방법을 고민해야 한다. 이렇게 많이 만들어신 광고들을 고객과 만날 수 있는 터치 포인트 별로 다양하게 배치해야 한다.

하지만 한 번에 여러 개의 광고를 만드는 것이 물리적으로, 그리고 비용적으로 가능할까?

온라인 세상에서는 가능하다. 네이버, 유튜브 등의 온라인 미디어는 텔레비전과 달리 다양한 포맷의 동영상 및 이미지를 광고로 사용할 수 있다. 따라서 광고 영상과 이미지가 조금 열악하더라도 광고 제작에 큰 문제는 없다.

또한, 쉽게 구할 수 있는 온라인 편집 도구들을 활용하면 전문 지식이 없더라도 누구나 온라인 콘텐츠를 만들 수 있다. 게다가 시청자들도 일정 수준 이상의 광고를 기대하지 않는다. 소위 '광고의 때깔'보다는 '광고의 기발함과 재미'를 추구한다.

따라서 브랜드와 광고를 위한 좋은 기획 방향과 약간의 온라인 작업이 있다면 누구나 다량의 광고를 쉽게 만들 수 있다.

그리고, 다양한 온라인 매체를 활용해서 고객의 동선과 하루 일정에 맞춰 광고들을 노출하면 된다.

예를 들면, 출근길에 본 유튜브에서 새로 출시된 치약 광고를 봤다. 점심 식사 후 블라인드 어플에서 아침에 봤던 치약 광고가 조금 바뀐 모습으로 나타난다. 퇴근 후 아파트 엘리베이터에 설치된 온라인 광고판에서 다시 치약 광고를 봤다. 브랜드는 동일한데 광고는 잠자기 전에 양치질을 개운하게 하는 모습을 보여줬다.

이처럼 하나의 브랜드가 고객의 상황에 맞는 광고를 보여줌으로써 고객의 관심과 구매 의도를 극대화해야 한다.

온라인 시대에서는 광고의 품질보다는 다양성과 노출 횟수에 집중하는 전략이 좋다. 고객의 동선과 일상을 촘촘하게 감쌀 수 있는 온라인 광고 전략을 준비하자.

⊕ POINT ◇

온라인기술
온라인 광고는 질보다 양이다. 한 편의 명작을 만들 돈으로 다수의 광고를 만들어서 고객을 포위하듯 광고를 보여줘야 한다.

효과적인 매체
브랜드 홈페이지, 네이버 광고, 구글 광고, 유튜브, 인스타그램, 페이스북

숏폼이 브랜드 자산을 만드는 4가지 요소

숏폼을 활용한 브랜딩

숏폼은 현재 대세가 된 콘텐츠 포맷이다. 하지만 여전히 많은 사람들은 숏폼을 단순히 재미있는 광고의 형태로 생각한다.

브랜드 자산[14]을 이루는 주요 요인들을 생각한다면 숏폼 역시 브랜딩을 위한 중요한 콘텐츠 포맷이 될 수 있다.

숏폼이 브랜드 자산을 구성하는 4가지 요소별로 어떤 영향을 줄 수 있는지를 살펴보자.

① 숏폼은 브랜드 인지도를 빠르게 높일 수 있다

강한 흡입력과 확산력을 갖고 있는 숏폼은 신규 브랜드를 단기간에 소비자들에게 인식시킬 수 있다.

② 숏폼은 강력한 브랜드 연상 이미지를 구현한다

숏폼은 브랜드가 원하는 이미지를 반복적이고 재미있게 보여줌으로써 연상 이미지를 강하게 구현할 수 있다.

③ 숏폼은 충성 고객들의 참여를 이끌어 낼 수 있다

숏폼은 브랜드에 대한 충성 고객들이 자발적으로 참여할 기회를 제공함으로써 열혈 팬덤을 외부에 보여주는 데 효과적이다.

④ 하지만, 품질 정보를 제공하는 데 한계가 있다

숏폼은 포맷 특성상 제품의 특성 및 품질 우수성에 대한 풍부한 정보 전달에 한계가 있다. 다만 특정한 품질을 반복적으로 전달할 수는 있다.

숏폼은 브랜딩을 위한 훌륭한 콘텐츠다.

숏폼을 브랜딩에 잘 활용한 사례로 편의점 CU에서 기획한 '편의점 고인물'이라는 시리즈가 있다. CU는 2022년 '편의점 고인물'이라는 20편 분량의 시리즈를 제작해서 유튜브를 중심으로 확산했다. 결과는 대성공이었다.

누적 조회수가 약 1.5억 회, 숏폼을 보고 신규 가입한 구독자는 약 9만 명 정도라고 한다. 1분 남짓한 한 편의 에피소드는 CU 편의점에서 만날 수 있는 다양한 상황들을 코믹하고 빠르게 보여준다. 다양한 패러디가 난무하고, 현실과 환상이 교차한다. 한 편의 에피소드를 보면 계속해서 다른 에피소드들도 찾아서 보게 된다.

CU는 '편의점 고인물'을 통해 어떤 브랜딩 효과를 달성했을까? CU라는 이름과 로고가 반복적으로 노출됨으로써 브랜드 인지도가 높아졌다. 또한, 시청자들이 편의점에 쉽게 접하는 상황들을 통해 CU에 대한 공감대와 충성도를 형성했다.

그리고 라면, 담배 등 편의점이라고 하면 떠올리는 제품들이 반복해서 나옴으로써, CU는 이들 제품들과 강하게 연결될 수도 있다. '편의점 고인물' 숏폼을 본 사람들은 라면, 담배 등을 떠올릴 때 자연스럽게 CU를 연상할 수 있다.

물론 브랜딩의 한계도 존재한다. '편의점 고인물'을 통해서는 CU만의 차별점을 느낄 수 없다. 다양한 제품, 유쾌한 편의점 아르바이트 등이 반복적으로 나오지만, 이런 것들은 웬만한 편의점에서도 쉽게 볼 수 있다.

숏폼 기획을 잘하면 브랜딩을 위한 콘텐츠가 될 수 있다.
한 개의 숏폼으로는 이름만 간신히 알릴 수 있지만, 여러 개의 숏폼들이 동시다발적으로 보여진다면 브랜딩의 영역도 충분히 넘볼 수 있다.

재벌집 막내아들처럼
인테리어 하는 법

가상현실과 증강현실

오프라인 매장과 비교할 때 온라인 마케팅이 한 가지 부족한 점이 있다. 바로 실제로 제품을 만져보거나 체험할 수 없다는 점이다. 고객은 가격이 저렴한 제품들은 부담없이 온라인에서 구매하지만, 가격이 비싸거나 한번 구입하면 오랫동안 사용하는 제품들은 직접 매장에서 보고 싶어 한다.

다행스럽게 IT 기술의 발전으로 품질과 관련된 온라인 마케팅의 한계도 점점 허물어지고 있다.

최근 인공지능과 IT 기술을 활용한 가상현실VR과 증강현실AR을 노입하는 브랜드들이 증가하고 있다. 이 기술들을 가장 적극적으로 도입한 브랜드들은 가구와 인테리어 브랜드들이다.

가구와 인테리어는 한번 구입하면 오랫동안 사용해야 하고, 집 안 인테리어와 잘 어울리는지를 미리 살펴봐야 한다. 오프라인 매장에서는 잘 어울릴 거라 생각했지만, 막상 거실에 실제로 놓으니 상상했던 것과 다를 수 있다. 이럴 때 가상현실과 증강현실은 큰 도움이 된다.

먼저 '오늘의집'에서 볼 수 있는 증강현실 사례를 보자.

오늘의집 사이트에 들어가면 AR기획전이라는 코너가 있다. 이름 그대로 증강현실을 활용해서 가구 혹은 장식품 등을 미리 우리 집에 배치해볼 수 있다. 사용법도 간단하다. 우선 스마트폰으로 AR기획전에 올라온 가구를 선택한다. 그리고 스마트폰 카메라로 가구를 배치하고 싶은 공간을 촬영한다. 그러면 집안에 가구가 배치된 듯한 영상을 받을 수 있다.

예전에는 막연히 눈대중으로 집안 인테리어와 어울릴지를 고민했는데, 그런 고민이 사라진다.

이번엔, 인테리어 분야에서 가상현실 사례를 보자.

까사미아 사이트를 방문하면 몇 년 전 인기를 끌었던 '재벌집 막내아들'의 주요 장면들에 나왔던 사무실과 방을 가상현실로 구현해 놓았다. 가상현실 속에서 마치 배우 송중기처럼 사무실을 거닐면서 가구와 책장들을 둘러볼 수 있다.

물론 까사미아의 이런 가상현실 공간은 제품을 판매하기 위한 도구다. 거기에 구현된 가구와 책장 위에 마우스만 올려놓으면 제품 정보와 함께 '바로 구매하기' 버튼이 나온다.

또한, 이케아 어플을 이용하면 가상현실과 증강현실을 모두 활용할 수 있다. 이케아 어플의 IKEA Kreativ라는 코너에 들어가면 나의 공간을 스캔하여 증강현실을 활용하거나 가상현실로 만들어진 쇼룸에 들어가서 원하는 인테리어를 상상할 수 있다.

온라인기술
가상현실과 증강현실 덕분에 생생한 제품 체험이 가능해졌다.

효과적인 매체
브랜드 홈페이지, 모바일 어플, 이커머스 사이트, 네이버, 구글

브랜딩 예산을 잡을 때
참고하면 좋을 3가지

온라인 광고 예산 배분 방식

브랜딩을 위한 광고를 준비 중이다. 다양한 온라인 매체와 전통적인 매체들 중에서 브랜딩 목적과 예산에 맞게 광고 매체를 선정해야 한다. 이때 가장 먼저 고민하는 부분이 있다. 바로 예산 배분이다.

현재 내가 쓸 수 있는 연간 광고 예산을 1,000만 원이라고 하자. 선택 가능한 온라인 광고 매체는 유튜브, 페이스북, 인스타그램, 네이버 광고, 구글 광고 등 다섯 개가 있다.

예산을 어디에 얼마나 집중해야 할까?

- 첫 번째는 예산을 고르게 배분하는 방법이다.

  소비자들이 어떤 매체에서 브랜드 광고를 보게 될지 모르니, 매체별로 200만 원씩 배분한다.
- 두 번째는 특정 매체에 광고비의 대부분을 배정하는 방법이다.

  한 가지 온라인 매체에 집중함으로써 광고 효과를 극대화할 수 있다.

첫 번째 방식은 안전하지만 비효율적으로 예산이 낭비될 가능성이 크고, 두 번째 방식은 잘못하면 도박에 가까운 의사결정이 된다. 정답은 없으나, 3가지 참조할 사항들이 있다.

① 모든 미디어를 통합적으로 활용한다

통합 마케팅 커뮤니케이션IMC 차원에서 우선 사용 가능한 모든 온라인 및 아날로그 광고 매체를 고려한다.

② 모바일 매체가 주력이 되어야 한다

스마트폰 기반의 모바일 환경에서 소비자들이 접할 수 있는 광고매체를 우선적으로 선정한다.

③ 고객 반응을 측정할 수 있는 매체에 예산을 배분한다

브랜드 전략을 보완하기 위해 광고 클릭 수, 사이트 방문객 수 등 결과 분석이 가능한 온라인 광고를 선택한다.

온라인 광고의 가장 큰 장점은 광고 효과를 수치적으로 검증할 수 있다는 점이다. 막연히 최근 유행하는 온라인 매체에 돈을 균등하게 배분하는 것보다 브랜딩 효과를 검증할 수 있는 매체에 집중하면 좋다.

그렇다고 해서 특정 온라인 매체에 모든 광고비를 올인할 필요는 없다. 항상 모든 온라인 매체들을 통합적으로 활용한다는 원칙 속에서 최선의 매체를 선정하자.

① POINT ◇

온라인기술
온라인 광고 예산은 브랜딩 효과를 수치적으로 검증 가능한 매체에 우선 배분하면 좋다.

효과적인 매체
네이버 광고, 구글 광고, 인스타그램, 페이스북, 유튜브

온라인 마케팅 기술 052

전통적인 브랜드가
역시 온라인에서도 강하다

전통의 재해석

온라인 마케팅에 대한 편견이 있다.

온라인 마케팅은 젊고 새로운 브랜드만 잘할 수 있고, 오래되고 전통 있는 브랜드는 아날로그 마케팅에 집중해야 한다는 것이다.

그런데, 온라인 마케팅은 브랜드의 연차와 전통을 따지지 않는다. 오직 얼마나 깨어 있는 생각으로 온라인을 활용하는지가 중요하다.

영국의 명품 브랜드인 버버리는 전통적인 브랜드도 온라인 마케팅을 잘할 수 있다는 것을 보여준 좋은 사례다.

버비리는 1856년 영국에서 설립된 명품 패션 브랜드다. 우리들에게 익숙한 트렌치 코트와 버버리 체크무늬 등으로 유명하다.

버버리는 한동안 쇠락의 길을 걸었다. 오래된 브랜드답게 충성 고객들도 많았으나, 문제는 브랜드와 고객이 같이 나이를 먹고 있다는 점이다. 충성고객들은 기존 방식의 마케팅과 스타일을 선호했고, 새로운 고객들은 유입되지 않았다. 충성고객들의 입김이 강해질수록 시장의 새로운 트렌드와는 점점 멀어졌고, 어느덧 낡고 재미없는 브랜드가 되었다.

하지만 버버리는 포기하지 않았다. 온라인 마케팅을 적극 도입했다. 온라인 패션쇼를 개최해서 실시간으로 패션쇼를 전 세계에 라이브로 송출했고, 매장 내에 커다란 디스플레이를 설치해서 제품과 디자인을 다양한 방식으로 보여줬다.

버버리 전용 어플도 출시했고, 온라인에 특화된 젊은층의 목소리도 적극 반영했다. 그 결과 버버리는 화려하게 부활했다.

사실 전통 있는 브랜드는 신규 브랜드가 갖고 있지 못한 장점들이 많다.

- 우선, 브랜드 인지도가 높다.
  '누구나 아는 브랜드'라는 점은 큰 장점이다. 브랜딩 과정에서 인지도 확보를 위한 시간을 절약할 수 있다.
- 또한, 자신만의 특정한 연상 이미지를 갖고 있다.

예를 들어, 버버리는 체크 무늬와 강하게 연결되어 있다. 브랜딩 과정에서 체크 무늬만 보여주면 누구나 버버리를 떠올린다.

• 마지막으로 명품과 고품질이라는 신뢰감을 갖고 있다.

이런 자산들 모두 신규 브랜드가 아직 확보하지 못한 브랜드 자산들이다.

나의 브랜드가 다소 오래되었고 전통만 있더라도 걱정할 필요가 없다. 오히려 오래된 브랜드가 갖고 있는 장점들이 있다. 이런 장점들을 온라인으로 잘 승화하면 신규 브랜드보다 더 큰 효과를 얻을 수 있다.

! POINT ◇

온라인기술
전통적인 브랜드만의 장점을 찾아보자. 전통에 기반한 장점이 온라인과 만나면 더 큰 시너지를 가져온다.

효과적인 매체
브랜드 홈페이지, 브랜드 어플, SNS, 네이버, 구글

신기술과 낡은 브랜드가
만났을 때

온라인 리브랜딩 전략

에어워크Airwalk는 90년대 중반 최고의 인기를 끌었던 스케이트 보드를 위한 운동화 브랜드다. 당시 얼마나 인기가 많았는지 베스트셀러 작가인 말콤 글래드웰은 에어워크를 1990년 중반 여섯 번째로 영향력 있는 브랜드라고 책에서 소개했다.[15]

하지만 영광은 오래가지 않았다. 2004년 이후 몇 차례의 기업 매각을 겪은 후 점차 잊혀갔다.

하지만, 2010년 에어워크는 다시 한 번 세상의 주목을 받았다. 당시 온라인 분야에서 태동하던 위치 기반 서비스를 적극적으로 받아들여서, 소비자들의 열광적 반응과 성공적인 리브랜딩을 달성했다.

에어워크는 '보이지 않는 팝업Invisible Pop-up'이라는 이름의 온라인 캠페인을 선보였다. 현재의 관점에서 보면 대단히 단순하지만, 2010년 당시에는 무척 놀랄 만한 온라인 혁신이었다. 스마트폰을 가지고 에어워크가 슬쩍 알려준 장소, 예를 들어 스케이트보드를 많이 타는 광장 등에 가서 어플을 실행하면 증강현실을 통해 스마트폰 화면에 신제품 스니커즈가 겹쳐 보인다. 마치 팝업처럼 스니커즈가 보이는 장소에서만 온라인으로 제품을 구매할 수 있었다.

캠페인이 사람들을 더욱 많이 자극한 이유는 에어워크가 오직 300개의 스니커즈만 보이지 않는 팝업 캠페인을 통해 판매했다는 점이다. 사람들은 300개 한정 스니커즈를 구매하기 위해 스마트폰을 들고 열심히 자리를 이동하면서 보이지 않는 팝업을 찾아다녔다.

사람들의 이러한 행동은 재미있는 기삿거리였고, 언론에 소개되면서 캠페인은 더욱 유명해졌다. '보이지 않는 팝업' 캠페인을 통해 에어워크는 최첨단 이미지를 지닌 스니커즈 브랜드로 다시 포지셔닝될 수 있었다.

2007년에 아이폰이 세계 최초로 소개되었고, 2016년에 위치 기반 서비스를 이용한 '포켓몬 고'가 출시된 점을 감안하면,

2010년에 선보인 '보이지 않는 팝업' 캠페인은 혁신적이다.

물론 지금의 눈높이로 보면 부족한 부분들이 많이 보인다. 하지만, 중요한 점은 온라인 신기술과 접목하면 활력을 잃어가는 브랜드도 다시 젊어질 수 있다는 점이다. 브랜드의 연혁이 높아질수록 온라인기술에 더욱 민감해야 할 이유다.

온라인기술
최고의 리브랜딩 방법은 온라인 신기술을 적극적으로 받아들여 브랜드 이미지를 변신시키는 것이다.

효과적인 매체
브랜드 홈페이지, 브랜드 어플, 유튜브, 인스타그램, 네이버, 구글

온라인만을 위한 브랜드가
장수할 수 있을까?

온라인 네이티브 브랜딩 전략

오직 온라인만을 위한 브랜드가 가능할까?

가능할 수는 있지만 지속 가능성은 높지 않다. 진입 장벽이 낮은 만큼 장기적으로 생존하기 위해서는 오프라인 영역으로 확장해야만 한다.

온라인 마케팅과 온라인 스토어에 특화된 온라인 브랜드의 가장 큰 장점은 오프라인 매장을 위한 투자가 거의 필요 없다는 점이다. 비싼 월세와 인테리어 비용을 낼 필요도 없고, 매장에 상주할 매니저와 아르바이트를 위한 인건비도 낼 필요가 없다. 무엇보다 재고의 부담이 없어서 좋다.

그래서 많은 창업자들은 온라인만을 위한 브랜드에 도전하고 있다. 이처럼 온라인에 특화된 브랜드를 '온라인 네이티브 브랜드'라고 한다. 대표적인 브랜드들은 다음과 같다.

- 와비파커 : 안경의 가격 혁신을 일으킨 안경 브랜드
- 캐스퍼 : 배송의 불편함을 해결한 침대 매트리스 브랜드
- 올버즈 : 천연 양모로 만든 신발 브랜드
- 글로시에 : 화장품 블로그에서 시작한 화장품 브랜드

이 브랜드들은 온라인 마케팅을 SNS에 집중하고 판매도 자사몰에서 하는 D2C 모델로 시작했다. 투자와 시간이 많이 드는 오프라인을 철저하게 배제하며 온라인에 집중해서 사업을 시작했고, 단기간에 큰 성공을 거두었다.

하지만 성공은 그렇게 오래가지 않았다. 온라인 중심의 마케팅과 판매는 강한 팬덤을 구축했지만, 시장을 그 너머로 확장하는 데 실패했다. 주식 시장에 상장했을 때는 제2의 유니콘으로 불렸지만, 금방 주가가 크게 하락하는 사태가 반복해서 나타났다.

결국 D2C 브랜드들은 오프라인에 매장을 열 수밖에 없었다. 뉴욕처럼 물가가 비싼 지역에 커다란 매장들을 계속 오픈하였고 소비자들과 오프라인에서 만나면서 생존하고 있다.

또 다른 온라인 네이티브 브랜드들은 '미디어 커머스'라는 방식으로 시작한 브랜드들이 있다. 닥터 피엘, 안다르, 젝시믹스, 메디큐어 등 회사가 특정 브랜드들을 개발하거나 인수한 후 공격적인 마케팅을 통해 단기간에 소비자들을 확보하는 방식이다.

D2C는 하나의 브랜드를 위해 회사가 설립되었다면, 미디어 커머스는 회사가 사업이 될 만한 여러 개의 브랜드들을 동시에 관리한다는 차이점이 있다.

미디어 커머스 브랜드들 역시 온라인 중심으로 탄생하고 성장했지만, 지속적 성장을 위해 오프라인 매장을 직접 운영하거나 올리브영 등의 매장에 입점하고 있다.

온라인 네이티브 브랜드들은 타깃 소비자가 명확하고, 제품의 차별성과 강점이 뚜렷하다. 그리고 온라인에만 집중했기 때문에 매장 운영비 등이 없어서 가격경쟁력도 높다. 하지만 동일한 특성을 지닌 유사 제품이 후발 주자로 등장한다면, 그리고 후발 주자가 더 많은 온라인 광고비를 집행한다면 지금까지 구축한 경쟁력은 한 번에 무너질 수 있다.

온라인 네이티브 브랜딩 전략은 훌륭한 전략이고 온라인 시대에 맞는 방향이다. 하지만, 온라인이라는 한 가지에만 집중한다면 언제든지 경쟁력을 상실할 수 있다. 항상 오프라인과의 연계성을 고려해야 한다.

늦게 시작해도
충분히 앞서갈 수 있다

패스트 팔로워 전략

아날로그 시대에는 남들보다 먼저 시작해서 시장을 선점하면 오랫동안 경쟁력을 가질 수 있었다. 하지만 온라인 세상에서는 제일 먼저 출시되었다고 경쟁력을 오랫동안 유지할 수 없다.

출시 당시에는 높은 화제성과 품질 등으로 사람들의 주목을 받았지만, 바로 막강한 경쟁자들이 등장하고 유사한 온라인 광고, 그리고 비슷한 비즈니스 모델들이 나오기 때문이다.

온라인 세상에서 크게 쓸모없는 것이 '세계 최초'라는 표현이다. 아날로그 시대에는 '세계 최초'라는 표현을 훈장처럼 사용했지만, 온라인 시대에는 오히려 '어설픈' 혹은 '세련되지 않은' 정도로 해석될 수 있다.

차라리 후발 주자이지만, 재빨리 트렌드를 쫓아가는 패스트 팔로워 전략이 더 좋을 수도 있다. 실제로 패스트 팔로워 전략으로 성공한 사례들이 많다.

대표적인 사례가 인스타그램 스토리다.

인스타그램 스토리에 올리는 피드는 24시간 동안만 공개된다. 사실 24시간만 볼 수 있는 기능은 스냅챗이라는 모바일 메신저가 먼저 개발했다. 결과적으로 인스타그램은 스냅챗의 스토리와 유사한 서비스를 활용해서 큰 인기를 끌고 있다.

숏폼 역시 마찬가지다. 숏폼 플랫폼인 틱톡이 크게 성공하자 페이스북, 인스타그램, 유튜브, 그리고 네이버까지 숏폼 서비스를 출시했다. 한국에서는 틱톡보다 오히려 SNS 플랫폼의 숏폼이 더 인기를 끌고 있다. 네이버의 숏폼 서비스인 클립은 네이버 플레이스, 네이버 쇼핑 등 네이버 생태계에 최적화되어 있다.

패스트 팔로워 전략이 성공하기 위해서는 단순한 모방 이상의 역량이 필요하다. 잘못하면 카피캣, 혹은 짝퉁이라는 소리만 듣는다. 또 다른 패스트 팔로워를 막을 수 있는 역량이 요구된다.

종종 창의적인 브랜드들은 패스트 팔로워 전략을 무시한다. 시장을 개척하고 선구자로 기억되기를 원한다. 하지만 온라인 마케팅의 시간은 짧고 트렌드는 급변한다.

내가 갈 수 있는 방향이고 잘할 수 있는 영역이라면 앞사람을 따라가는 것도 좋은 전략이다. 꼭 선두 주자가 되겠다는 생각은 버리자.

 POINT

온라인기술
온라인에서는 패스트 팔로워 전략이 안전하다. 앞선 사람의 성공 요인을 꼼꼼히 검토해보자.

효과적인 매체
브랜드 홈페이지, 브랜드 어플, 유튜브, 인스타그램, 네이버

'인스타그래머블'한 그들의
생존법 2가지

인스타그램 마케팅

온라인 마케팅에 가장 큰 변화를 준 SNS는?

단연, 페이스북과 인스타그램이다. 두 가지 모두 페이스북의 모회사인 메타가 제공하는 소셜 미디어다. 페이스북은 소셜 미디어라는 영역을 본격적으로 개척했고, 인스타그램은 기존의 텍스트 위주의 SNS를 이미지 중심의 SNS로 변화시켰다.

이미지 중심의 SNS는 텀블러, 핀터레스트 등 종류가 많이 있지만, 한국에선 인스타그램이 주된 소셜 미디어다.

인스타그램이 가져온 영향력은 매우 크다.

'인스타그래머블'한 이미지가 없다면 트렌드를 논할 수 없게 되었다. 인스타그래머블Instagrammable이라는 단어는 케임브리지 영어사전에 등재될 정도로 보편화된 표현이다. '인스타그램에 사진을 찍어서 올릴 정도로 매력적인'이라는 뜻을 지닌 단어인데, 인스타그램이 어떤 이미지를 선호하는지 쉽게 알 수 있다.

만약 트렌디한 분위기와 느낌을 지향한다면 인스타그램을 빼놓을 수 없다. 소위 말하는 '느낌적인 느낌'을 이미지로 정교하게 구현할 수 있어야 인스타그램에 업로드하고 사람들의 호의적 반응을 받을 수 있다.

전국 각지에 있는 로컬 맛집과 카페들, 오래되어서 더욱 멋있는 노포들, 특이하지만 정교한 패션 소품을 파는 작은 가게 등은 인스타그래머블한 이미지 몇 장으로 SNS 성지가 되었다.

인스타그램에서 뜨는 계정들과 인플루언서들은 크게 2가지 공통점을 갖고 있다.

① 먼저 공들여 찍은 이미지다. 지나가는 배경, 소품 한 개, 표정 하나하나가 철저한 계산과 반복에서 나온다.

② 두 번째는 명확한 목적의식이다. 내가 이번 이미지 촬영을 통해 구독자를 얼마나 늘리고, 무엇을 홍보할지, 그리고 어떤 수익을 얻을지 꼼꼼히 따진다.

보여지는 이미지를
어떻게 차별화 할까?

비주얼 아이덴티티^{VI} 전략

삼성전자의 갤럭시 S24에서 가장 눈에 띄는 기능은 '써클 투 써치'라는 기능이다. 사용법은 매우 간단하다. S24 화면 속 이미지에 손가락으로 원을 그리면 인공지능이 자동으로 이미지와 관련된 정보를 찾아준다.

예전에는 마음에 드는 이미지를 보면 검색창에 '노란색 강아지인데 귀는 커다랗고 꼬리는 짧아'처럼 서술형으로 입력해야 했다. 당연히 검색이 성공할 가능성이 낮다. 하지만 이제는 이미지 자체로 검색이 가능하다.

지금처럼 이미지 검색이 가능한 시대에 무엇이 필요할까?

바로 더 차별화된 이미지다. 비슷비슷한 이미지의 제품이라면 아무리 성능 좋은 인공지능이라도 제대로 찾을 수가 없다. 이제는 사람이 아니라 인공지능이 보더라도 한눈에 구분할 수 있는 이미지와 색상, 스타일이 필요한 시대다.

이처럼 시각적으로 차별화된 특성을 비주얼 아이덴티티Visual Identity라고 한다. 온라인 마케팅에서는 비주얼 아이덴티티가 무척 중요하다. 온라인 환경에서는 소비자와의 관계가 이미지를 중심으로 형성된다. 관계 형성에 필요한 시간은 아주 짧다. 소비자는 아주 짧은 순간에 브랜드를 기억하고 브랜드와의 관계를 지속할지 여부를 결정한다. 인스타그램처럼 눈과 감각을 사로잡는 이미지가 중심이 될 수밖에 없다. 이제 텍스트 중심의 아날로그로 돌아가는 것은 힘들 것이다.

강력하고 일관된 비주얼 아이덴티티는 온라인 브랜딩을 위한 핵심 요소다. 브랜드만의 색상, 형태, 스타일, 그리고 전체적인 느낌이 강렬하게 다가와야 한다. 그리고 인공지능 시대가 됨에 따라 검색이 용이한 이미지도 비주얼 아이덴티티의 중요한 요소가 되었다.

비주얼 아이덴티티는 로고, 폰트, 대표 색상, 제품 전반에 공통적으로 적용되는 시각적 요소, 홈페이지 및 어플 등의 UI/UX 등 다양한 분야에서 적용된다. 소비자가 어떤 온라인 환경에서 우리 브랜드를 보더라도 바로 파악할 수 있도록 설계되어야 한다.

온라인에 맞게 정립된 비주얼 아이덴티티가 있다면 브랜딩뿐만 아니라 검색에서도 훨씬 유리하다.

 POINT

온라인기술
시각적 요소의 통일감은 생각보다 중요한 브랜드 자산이다. 검색 편의성까지 고려한 비주얼 아이덴티티를 계획하자.

효과적인 매체
브랜드 홈페이지, 브랜드 어플, 네이버 광고, SNS

온라인 마케팅 기술 058

누가 B2B는 브랜딩이
필요없다고 했는가?

링크드인 활용한 B2B 브랜딩

온라인 마케팅은 일반적으로 B2C^{Business to Customer} 목적으로 많이 활용된다. 하지만 B2B, 즉 기업 간 비즈니스를 주로 하는 기업들도 적극적으로 활용하고 있다.

공유 오피스를 제공하는 '패스트파이브'의 광고를 온라인에서 자주 접할 수 있다. 공유 오피스의 핵심 고객들은 스타트업이나 갑자기 사무실 확장이 필요한 기업들이다.

개인들도 공유 오피스를 이용할 수 있지만, 수익 측면에서 기업 고객에 비할 바는 아니다. 기업 고객들을 대상으로 하기 때문에 얼핏 보면 개인 고객들이 많이 보는 SNS 광고는 불필요해 보인다. 하지만 B2B 기업도 브랜딩과 더 많은 수익 창출을 위해 온라인 마케팅이 필요하다.

B2C와 B2B에 상관없이 모든 기업은 자신의 이름과 브랜드 아이덴티티를 먼저 알려야 한다. 이름도 모르는 기업을 찾는 사람은 없기 때문이다. B2C는 많은 사람들에게 얇고 넓게 알려야 하고, B2B는 좁고 깊게 알린다는 차이점이 있다. 패스트파이브 같은 공유 오피스는 부동산 중개 사이트나 회사 총무팀을 중심으로 영업할 수도 있다.

하지만 소비자들에게 이름을 알리는 이유는 공유 오피스 입주 결정은 회사가 하지만, 만족도는 결국 직원 개개인이 결정하기 때문이다. 만족도에 영향을 주는 요인 중 한 가지는 패스트파이브라는 공유 오피스 브랜드다.

친구들이 모두 알고 있는 곳에서 근무하는 것과 듣지도 보지도 못한 곳에서 근무하는 것 중에서 어디가 더 만족도가 높을까? 당연히 유명한 곳이다. 그리고 직원의 만족도와 추천이 높을수록 회사에서 패스트파이브를 선택할 가능성이 높아진다.

지금은 예전보다 위상이 많이 약해졌지만, 공유 오피스의 대명사였던 위워크 역시 전성기에는 소비자를 대상으로 광고와 브랜딩에 많은 투자를 했다.

비즈니스 솔루션을 제공하는 IT 기업들도 브랜딩에 많은 돈과 시간을 쓰고 있다. 태블로, 세일즈포스, 아마존 AWS 등과 같은 비즈니스 솔루션 기업들은 자신들의 솔루션을 구입하고 이용할 사용자를 대상으로 다양한 마케팅 활동을 한다. 화려한 컨퍼런스를 개최하고, 참석한 잠재 사용자들이 흡족할 만한 기념품과 꼼꼼한 소개서를 제공한다.

특히 이메일을 통해 신제품과 컨퍼런스 정보를 제공하고, 최신 자료를 다운로드할 수 있도록 유도한다. 즉, 원하는 행동을 유도하는 콜 투 액션CTA에 대한 온라인 마케팅의 달인들이다.

B2B 브랜딩은 B2C 브랜딩처럼 화려하거나 다양할 필요는 없다. 인스타그래머블한 이미지 역시 필요하지 않다. 단, 브랜드 아이덴티티를 잘 보여줄 수 있어야 한다.

B2B 브랜딩과 마케팅이 잘 정착되면 매출 증대라는 가장 중요한 목적도 달성하지만, 부수적인 성과들도 이룰 수 있다. 대표적인 것이 바로 인재 확보다. 기업에 대한 긍정적 이미지가 형성되면 더 좋은 인재들을 영입할 수 있다. 그래서 많은 기업들이 링크드인과 같은 인력 채용 및 인적교류 플랫폼에 브랜딩 광고를 하거나 회사에 대한 긍정적 정보를 공개하고 있다.

B2B 브랜딩은 선택이 아니라 필수다. 매출 증대뿐만 아니라 사회적 신뢰 구축, 그리고 인재 확보 등을 위해서도 온라인 마케팅을 적극 활용해야 한다.

4짱

마케팅을
'온라인'으로 할 때
꼭 기억할 거

"온라인에선 매출이 오를 때까지 계속 수정할 수 있다"

고객이 제품을 구매하는 5단계를 이해하라

AISAS 모델

온라인에서 제품을 판매하려고 한다.

온라인 판매는 오프라인 판매보다 적은 투자비용, 낮은 재고 부담 등과 같은 장점이 많다. 하지만 아쉬운 점이 있다. 유능한 현장 영업 사원이 없다는 점이다. 훌륭한 영업 사원은 매장에 들어오는 고객의 눈빛만 봐도 물건을 어떻게 팔아야 할지를 안다.

따라서, 온라인 스토어는 별도의 판매 전략을 수립해야 한다. 이때 중요한 것은 소비자들이 어떤 방식으로 온라인에서 제품을 구매하는지를 이해하는 것이다. 마케팅은 고객이 어떤 단계를 걸쳐 제품을 구매하는지를 하나의 모델로 발전시켜 왔다.

가장 일반적인 모델이 AIDA 모델이다. 관심Attention - 흥미 Interest - 욕망Desire - 행동Action 등의 순서로 소비자가 제품을 구매한다는 모델이다.

20세기 초에 나온 AIDA 모델은 시간이 지남에 따라 계속 파생되고 발전했다. 최근에는 온라인 마케팅의 발전을 적극 반영한 AISAS 모델이 개발되었다.

AISAS 모델은 온라인 환경에서 소비자들의 특징적 구매 행동을 반영했는데, 관심Attention - 흥미Interest - 탐색Search - 행동Action - 공유Share의 5단계로 구성된다.

기존 AIDA 모델과 비교해서 욕망 단계는 생략되고 탐색과 공유 단계가 추가되었다. 온라인 마케팅으로 소비자의 관심을 끌어모으고 제품에 대한 흥미를 유발하는 단계가 관심(A) 및 흥미(I) 단계라면, 본격적으로 제품 판매와 연결되는 단계가 탐색(S), 행동(A), 공유(S) 단계다.

① 관심 단계 : "새로운 제품이 나왔네!"

온라인 광고를 통해 처음으로 브랜드와 제품을 접하게 됨.

② 흥미 단계 : "마침 이런 제품이 필요했는데 좀 알아볼까?"

소비자가 제품의 차별적 특성에 대해 더 알아보고 싶어짐.

③ 탐색 단계 : "구글에서 검색해보니 유명한 제품이었구나"

구글, 네이버, 쿠팡 등에서 제품을 찾아보고 비교함.

④ 행동 단계 : "한번 사볼까? 일단 구매 버튼을 클릭!"

온라인 스토어에서 제품을 구매하고 배송을 기다림.

⑤ 공유 단계 : "혼자 쓰기에는 아까운데. 친구에게 알려야지!"

제품이 마음에 들면 SNS를 통해 친구들에게 공유함.

자사몰 혹은 쿠팡 등의 온라인 스토어로 이동한 고객들은 손가락을 획획 넘기면서 빠르게 제품 정보와 경쟁 제품들을 탐색한다. 그리고 오프라인 매장과는 달리 쉽고 빠른 구매 의사결정을 내린다. 이때 지름신이 내릴 수 있도록 구매를 자극하는 멘트와 이미지가 필요하다.

구매한 제품이 배송된 다음이 가장 중요하다. 구매한 제품에 대한 만족도를 주변에 공유하는 단계이기 때문이다. 제품이 마음에 들면 좋은 소식이 퍼질 것이고, 불만족스럽다면 악플이 공유될 것이다.

온라인 마케팅은 AISAS 모델의 모든 단계에 영향을 미칠 수 있다. 물론 관심과 흥미 단계에서 가장 큰 영향력을 발휘하지만, 소비자 지향적으로 설계된 온라인 마케팅은 탐색 및 구매에도 직접 영향을 미칠 수 있다. 예를 들어, 온라인 광고의 랜딩 페이지가 버튼으로 활성화되거나, 공유를 촉진하는 기프트를 제공할 수도 있다.

중요한 점은 고객의 구매 단계를 명확하게 이해하고, 단계별로 고객이 최선의 선택을 할 수 있도록 유도하는 것이다.

무조건 온라인 광고를 하고, 온라인 스토어를 열었다고 고객이 찾아와서 구매하지는 않는다. 매장을 지키는 눈 밝은 영업사원처럼 온라인에서 이루어지는 고객의 구매 행동을 단계별로 꼼꼼히 파악하고 활성화 해야 한다.

!) POINT ⟨⟩ ─────────────────────────────

온라인기술
고객의 구매 단계를 관심 - 흥미 - 탐색 - 행동 - 공유 등의 단계로 분류하고, 단계별로 고객을 유인할 수 있는 방법을 찾아보자.

효과적인 매체
브랜드 홈페이지, 브랜드 어플, 네이버 광고, 구글 광고, SNS, 쿠팡

───────────────────────────────────────

아마존의 제프 베조스가
다시 사업을 한다면?

제품과 이커머스 적합도 평가

세계 최대의 이커머스 사이트인 '아마존'은 온라인으로 책 판매부터 시작했다. 창업자인 제프 베조스가 책은 선택한 이유는 간단했다. 이커머스에 최적화된 제품이기 때문이다.

책은 유통기간이 없다. 부피가 작고, 사이즈도 규격화되어 있어서 포장과 배송이 용이하다. 무엇보다 하루이틀 늦게 배송된다고 불만이 급증하지 않는다. 이처럼 이커머스가 처음 시작될 당시에는 이커머스에 적합한 제품들을 중심으로 온라인 판매가 이루어졌다.

하지만 이제는 온라인 스토어에 없는 물건이 없다. 사람을 해치는 부기와 방위산업 제품을 제외하고 거의 모든 물건을 구매할 수 있다. 물론 주류와 담배 같은 규제 품목은 예외다.

자동차를 생각해보자. 온라인에서 완제품 자동차부터 타이어, 와이퍼, 블랙박스 등 관련 제품들을 구매할 수 있다.

패션과 화장품 등은 어떠한가? 매일 수많은 화장품과 패션 의류가 전국으로 배송되고 있으며, 무섭게 성장한 온라인 패션 시장에 맞춰 새로운 화장품 브랜드들이 출시되고 있다.

물론 온라인에서 모든 제품들이 성공하는 것은 아니다. 온라인에서 효과적으로 판매하기 위해서는 다음 4가지 기준을 갖고 있어야 한다.

① 가성비 : 즉각적인 구매가 가능한 수준의 제품
② 배송 편의성 : 보관, 포장, 배송 등이 편리한 사이즈
③ 낮은 환불 및 반품 : 환불과 반품 가능성은 낮을수록 좋다.
④ 시장 규모 : 세분화된 시장보다 소비자가 많은 제품군이 좋다.

제품이 온라인 판매에 적합할수록 진입 장벽은 낮아진다. 하지만, 반대로 생각하면 그만큼 경쟁이 치열하다는 것이다.

만약 제프 베조스가 아마존을 새로 시작한다면 여전히 책부터 판매할까? 책보다 마진이 더 높은 사업 아이템을 찾지 않을까?

정확히 누가 고객인지 알아야
팔 수 있다

타깃 프로파일 탐색법

마케팅과 영업을 구분하는 가장 중요한 기준은 무엇일까?

마케팅은 고객을 먼저 생각하고, 영업은 제품을 먼저 생각한다는 점이다. 마케팅은 고객이 무엇을 원하는지를 파악하고, 고객을 만족시키기 위해 최선을 다한다.

온라인 마케팅 역시 마찬가지다. 온라인 환경에서 고객을 만족시킬 수 있는 다양한 온라인 미디어와 기술들을 이용한다.

온라인 판매(이커머스)는 온라인 마케팅과 하나로 연계되어 이루어지는 활동이다. 온라인 마케팅에서 타깃으로 설정한 고객은 온라인 광고를 통해 우리 제품을 판매하는 사이트로 들어오고,

고객의 특성에 맞는 제품을 판매한다. 그리고 온라인 마케팅을 활용해서 구매 후기가 주변 사람들에게 공유된다.

이처럼 온라인 판매는 온라인 마케팅에서 설정된 고객 특성과 밀접하게 연계되어 있다. 고객 특성에는 고객의 연령, 성별, 거주 지역, 연간 소득 등과 같은 구체적인 정보뿐만 아니라 고객이 무엇을 좋아하는지, 어떤 신념을 가졌는지, 어떤 활동을 즐겨 하는지 등과 같은 주관적인 요소들도 포함된다.

이러한 고객 특성을 '고객 프로파일'이라고 부른다. 고객 프로파일을 정교하게 설정할수록 어떤 제품을 어떻게 판매할지 세밀하게 설계할 수 있다.

동일한 카테고리에 있는 브랜드일지라도 서로 다른 고객 프로파일을 갖고 있다. 쿠팡 고객과 마켓 컬리 고객의 프로파일은 다르다. 인스타그램 열혈 이용자와 네이버 블로그 이용자의 프로파일 역시 다르다. 브랜드마다 고객의 프로파일이 다르기 때문에 고객의 특성을 명확히 이해해야만 더 많은 구매를 이끌어 낼 수 있다.

온라인 마케팅과 온라인 판매를 위한 고객 프로파일은 어떻게 만들 수 있을까?

오프라인이라면 매장에 방문한 고객들을 직접 보고 기록을 남기겠지만, 온라인에서는 불가능하다. 온라인에서는 대부분 방문

기록, 즉 쿠키 등을 활용한 데이터를 기반으로 고객 프로파일을 설정한다. 또한, 이전 구매 기록이나 고객이 직접 입력한 개인정보를 활용한다.

고객 프로파일은 온라인 마케팅과 온라인 판매의 핵심이다. 항상 제품이 아니라 고객의 특성을 먼저 생각한다.

온라인기술
고객의 특성을 꼼꼼히 파악하자. 특히 무엇을 좋아하는지, 자주 구매하는 브랜드 등의 정보가 온라인 판매에 도움이 된다.

효과적인 매체
브랜드 홈페이지, 자사몰, 네이버 스토어, 쿠팡, SNS

고객 데이터는
온라인 판매의 핵심 자산이다

데이터 기반의 타깃 선정 기법

온라인 고객을 위한 고객 프로파일은 매우 온라인스러운 방식으로 작성된다.

디지털 마케터의 전략적 방향과 실제 광고를 보고 들어온 방문객이 남긴 기록, 구매자들이 직접 작성한 개인 정보, 사이트에서 자동으로 저장된 쿠키 등의 정보를 취합해서 만든다. 어떤 면에서 프로파일이라는 단어보다 고객 데이터라는 단어가 더 적합하다.

이커머스에서 제일 중요한 고객 데이터는 '쿠키'로부터 나온다. 쿠키는 특정 사이트에 방문한 사람에 대한 정보, 즉 기본 설정, 방문기록, 로그인 정보 등이 웹 브라우저에 저장된 데이터 파일을 말한다. 쿠키라는 이름은 쿠키를 먹으면서 돌아다니면 과자 부스러기가 바닥에 흘러 우리가 어디를 돌아다녔는지 알 수 있다는 의미에서 출발했다. 온라인에서 쿠키 정보만 확인하면 우리가 어떤 사이트에 가서 어떤 활동을 했는지 바로 알 수 있다.

커피를 좋아하는 김원두 씨. 커피 도구와 관련된 사이트를 주로 방문하고, 페이스북에서 커피 동호회원으로 활동하고 있다. 김원두 씨의 쿠키 데이터를 분석하니, 커피 관련 경로가 확인되므로 커피 마니아로 분류할 수 있다. 이에 따라 김원두 씨가 유튜브를 볼 때 커피 광고가 제일 먼저 뜨고, 커피 광고 끝에는 새로운 원두를 판매하는 사이트로 인도하는 버튼이 보일 것이다.

쿠키 정보만 활용하면 온라인 고객의 특성에 기반한 광고 및 판매 유도가 자동으로 이루어진다. 또한, 고객들의 방문 및 구매 데이터, 특히 어떤 제품과 함께 구매한 것들의 정보를 결합하면 더 강력한 고객 프로파일을 얻을 수 있다.

온라인에서 더 많은 고객을 불러 모으고, 더 많은 제품을 팔기 위해서는 '고객이 누구인지'를 알아야 한다. 이런 고객 정보는 철저하게 데이터 기반으로 이루어진다.

광고비가 매출에 끼친 영향을
수치화할 수 있을까?

퍼포먼스 마케팅 활용법

"내가 쓴 광고비가 매출에 얼마나 영향을 주었을까?"
"이게 숫자로 확인이 되긴 할까?"

예를 들어, 이번 달 광고비로 100만 원 집행해서 500만 원의 매출이 발생했다는 정확한 수치가 있다면? 광고비 예산을 할당하거나 광고를 기획할 때 큰 도움이 될 것이다.

사실 아날로그 시대에서는 "100만 원어치 광고를 했으니, 지난달보다 많이 판매할 것 같아요"처럼 막연하게 답할 수밖에 없었다.

그러나 퍼포먼스 마케팅이 등장함에 따라 이런 막연한 현상들은 줄어들기 시작했다. 퍼포먼스 마케팅은 광고의 성과, 즉 퍼포먼스를 측정하는 마케팅 방식이다. 지난달에는 광고비 100만 원을 썼더니 매출이 400만 원 나왔고, 이번 달에는 광고비 50만 원을 썼더니 매출이 150만 원 나왔다 등과 같이 광고비에 따른 매출을 정확하게 계산할 수 있다.

이커머스는 퍼포먼스 마케팅의 등장 전후로 나눠진다고 해도 과언이 아니다.

퍼포먼스 마케팅이 도입됨에 따라 온라인 마케팅이 아날로그 마케팅을 완전히 압도하게 되었고, 광고비에 따른 매출 기여도를 확실히 알 수 있게 되었다. 그렇다고 해서 퍼포먼스 마케팅을 어떤 상황에서나 적용할 수 있는 것은 아니다.

퍼포먼스 마케팅은 다음 상황에서만 가능하다.

① 자사몰을 통한 제품 판매

정확한 매출 집계를 위해 퍼포먼스 마케팅은 자사몰을 기반으로 운영된다. 외주몰에서 판매된 금액은 포함되지 않는다.

② 온라인 마케팅과 자사몰 간의 연계

온라인 광고를 본 소비자가 광고 안의 내용을 클릭해서 자사몰로 이동해야 성과 측정이 가능하다.

③ 원하는 고객을 찾아가는 리타겟팅

한번 방문했던 고객이나 구매자에게 자연스럽게 광고를 다시 노출시키는 리타겟팅을 통해 구매 전환율을 높여야 한다.

④ 전략적 목표 관리와 지속적 성과 분석

퍼포먼스 마케팅의 전략 목표를 수치적으로 설정하고, 성과를 지속적으로 측정하면서 광고 및 판매 전략을 보완해야 한다.

퍼포먼스 마케팅은 광고비에 따른 매출액을 거의 실시간 파악할 수 있기 때문에 매우 강력한 수단이다. 하지만, 퍼포먼스 마케팅의 대상이 자사몰에 한정된다는 한계가 있다.

아마존, 네이버 스토어 등은 자체적인 퍼포먼스 마케팅의 생태계를 구축하고 있다. 따라서 아마존에만 광고를 했다면, 아마존에서 광고를 본 사람이 얼마나 구매했는지를 알 수 있다. 하지만 광고는 네이버에만 했는데, 판매는 쿠팡에서 이루어졌다면 좀 더 복잡한 확인 절차가 필요하다.

퍼포먼스 마케팅은 이커머스의 핵심이다. 퍼포먼스 마케팅만 잘 활용하면 광고비는 줄이고 매출을 올릴 수 있다.

광고비 대비 최고의 매출을 달성하는 법

퍼포먼스 마케팅은 숫자가 모든 것을 지배한다.

퍼포먼스 마케팅의 핵심 지표는 ROAS이다. ROAS는 광고비 대비 매출액을 의미하는데, 매출액을 광고비로 나눈 후 100을 곱한 수치다. 당연히 ROAS는 150%, 300% 등처럼 퍼센트 단위로 표시된다.

ROAS 수치가 높다면 투입된 광고비에 비해 매출이 높다는 것을 의미한다. 다만 절대적 기준은 없다. 제품군과 광고 캠페인 특성과 시기 등에 따라 수치는 변하기 때문이다. 일반적으로 퍼포먼스 마케팅을 꾸준히 진행하면 대략적인 평균 수치가 나온다.

평균적인 수치 이외에 기간별로 꾸준히 비교하는 것도 좋은 방법이다. 예를 들어, ROAS가 지난주는 150%, 이번 주는 200%라면 일주일 사이에 50%가 증가했다. 즉, 광고비 대비 매출이 그만큼 증가했다는 것을 의미한다.

ROAS는 무조건 높아야 좋아 보이고, 매주 쭉쭉 수치가 상승하면 더 좋을 것 같다. 하지만, ROAS는 광고비와 매출액 간의 관계를 의미한다. 이유 없이 매출이 급등할 수도 있지만, 매출과 광고비는 어느 정도 일정한 비율을 가지고 간다.

그러니 갑자기 ROAS 수치가 몇 배로 증가했다면 제품과 광고에 무슨 일이 있었는지 빠르게 파악해야 한다. 제품 광고를 위해 만든 숏폼이 알고리즘의 선택을 받았을 수도 있고, 광고 매체에 문제가 생겨서 광고비가 거의 집행되지 않았을 수도 있다.

따라서 ROAS를 분석할 때는 ROAS 자체의 결과값, 집행된 광고비, 실제 산출된 매출액 등을 모두 종합적으로 검토해야 한다.

광고비 혹은 매출액의 흐름은 생각하지 않고 오직 ROAS 결과값만 중시하면 안 된다.

온라인기술
ROAS는 광고비와 매출액의 관계를 수치적으로 보여준다.

온라인 마케팅 기술 065

디스플레이 광고의 특징 4가지를 독파하라

타깃 기반 디스플레이 광고

디스플레이 광고는 온라인 마케팅에서 가장 많이 활용되는 광고 포맷이다. 흔히 DA^{Display Ad}라고 불리며, 모니터 혹은 스마트폰 화면에서 보여진다.

네이버 검색창에 디스플레이 광고라는 검색어를 입력하면 네이버가 제공하는 다양한 디스플레이 광고들을 볼 수 있다. 브랜드는 예산과 광고 목적, 그리고 제품의 특성을 고려해 원하는 디스플레이 광고를 선택하면 된다.

디스플레이 광고는 소비자의 관심과 시선을 사로잡아서 바로 판매 기회로 연결할 수 있다.

판매와 직결되는 디스플레이 광고의 특징은 무엇일까?

① 명확한 타겟팅 : 타깃이 지나가는 시점을 공략
디스플레이 광고는 잠재 고객이 많이 보는 시간대, 사이트 등을 선정해서 광고를 노출할 수 있다. 고객에 대해 많이 알수록 고객이 어디에 있는지를 알 수 있다.

② 시각적 흡입력 : 한눈에 보이는 이미지와 컬러 찾기
디스플레이 광고는 옥외광고가 아니다. 계속 순서가 바뀌고 새로운 브랜드의 광고가 뜬다. 주어진 짧은 시간 안에 소비자의 시선을 잡을 수 있는 비주얼이 필요하다.

③ 강력한 메시지 : 길면 안 돼. 짧게!
몇 초 안에 메시지를 읽고 행동을 유도해야 한다. 제품을 설명하지 말고, 이미지와 부합되는 강력한 멘트가 필요하다.

④ 콜 투 액션CTA : 구체적인 행동 유도
디스플레이 광고를 통해 구독, 사이트 방문, 등록, 다운로드 등 구체적 행동을 유도해야 한다. 디스플레이 광고 안에 행동을 유발하는 버튼 혹은 문구를 꼭 추가해야 한다.

디스플레이 광고는 모니터에서 예쁜 이미지만 보여주는 광고판이 아니다. 소비자를 판매 사이트로 유도해서 매출을 확보할 수 있는 중요한 수단이다. 단순히 예쁜 이미지 대신 전략적으로 매출과 연계되는 아이디어를 추가해야 한다.

! POINT

온라인기술
보기만 좋은 디스플레이 광고는 필요 없다. 매출과 연계되는 전략과 아이디어를 포함한 디스플레이 광고를 기획하자.

효과적인 매체
네이버, 구글 유튜브, 페이스북, 인스타그램

판매량을 높이려면
2가지 안을 비교해보라

대안 활용을 통한 매출 확대

텔레비전과 뉴스가 주력 광고 매체였던 아날로그 마케팅의 시대에는 몇 개의 광고안을 동시에 제작할 수 없었다. 광고 한 편을 제작하는 데 들어가는 비용과 시간이 많았기 때문이다. 그리고 힘들게 만든 광고가 예상했던 매출을 불러일으키지 못할 경우, 광고주와 광고대행사 모두 큰 피해를 입었다.

그런 면에서 온라인 마케팅의 시대는 축복받았다. 몇 개의 광고를 동시에 만들더라도 비용이 많이 증가하지 않는다. 광고에 대한 반응이 예상보다 못하다면 바로 다른 광고로 교체하는 것도 어렵지 않다.

현명한 광고주와 성실한 온라인 에이전시라면 사전에 몇 개의 광고안을 개발하고 테스트하는 것이 바람직하다. 스토리 라인이 다른 광고를 기획하거나, 톤앤매너만 다르게 만들 수도 있다. 제품들만 바꿔서 찍을 수도 있고, 서로 다른 광고 모델이 나오는 광고를 제작할 수도 있다.

아날로그 시대에는 다양한 광고 아이디어들이 스토리보드 혹은 광고 시안에서만 가능했다. 광고를 한번 찍으면 더이상 돌이킬 수 없었다. 하지만, 이제는 온라인기술을 이용해서 매출과 제일 잘 연계되는 광고들을 다양하게 사전 제작할 수 있다.

몇 개의 광고를 동시에 제작할 때 중요한 점은 이 광고들이 서로 매출을 높이기 위한 시너지를 가져야 한다는 것이다.

예를 들어, 동일한 광고 형태에 제품들만 다르게 해서 광고를 만들었다고 하자. 이때 피해야 할 일은 "우리는 이렇게 제품이 다양해요"라고 보여주기 방식이다. 그건 단지 다양한 제품들을 한곳에 모아놓고 사진을 한 장 찍으면 쉽게 알 수 있다.

더 중요한 것은 다양한 제품들 중에서 어떤 제품이 등장했을 때 매출 기여도가 높은지를 파악하는 것이다.

제품별 광고를 보고 판매 사이트에 유입되는 방문객과 실제 판매량을 꼼꼼히 챙겨보는 분석이 필요하다.

스타벅스는 왜
골드 회원에게만 이벤트 할까?

사전 온라인 수요조사법

스타벅스가 골드 회원에게만 제공하는 소소한 혜택들이 있다. 그중 하나가 신제품 출시 전의 런칭 이벤트다. 처음 런칭 이벤트에 참여하면 충성고객을 알아보는 듯해서 기분이 좋다. 하지만, 냉정하게 생각하면 고객 좋으라고 이런 이벤트를 할 것 같지는 않다.

왜 스타벅스는 이런 이벤트를 골드 회원에게만 하는 걸까?

모바일 어플을 통해 진행하는 신제품 런칭 이벤트는 일종의 테스트 마케팅이다. 신제품이 출시되기 전에 상품성을 테스트하는 활동이다. 아날로그 마케팅에서는 신제품을 전국으로 유통하기 전에 특정 지역, 예를 들어 대전 혹은 광주 등의 도시에 먼저 제품을 유통시키고 반응을 확인했다. 하지만 온라인 마케팅은 모바일을 활용해서 제품을 판매하거나 구독자를 모으는 방식으로 진행된다.

스타벅스는 '화이트 타로 라떼'를 출시하기 전, 골드 회원들을 대상으로 신제품을 먼저 만날 수 있는 기회를 제공했다. 이를 통해 다음 사항들을 테스트할 수 있다.

• 소비자들이 정말 관심을 가질까?

신제품이 무서운 이유는 판매량을 예측할 수 없다는 점이다. 이때 출시 이벤트를 통해 고객의 반응 및 판매량을 예측할 수 있다.

• 소비자가 제일 좋아하는 메시지는 무엇인가?

온라인 광고를 통해 다양한 메시지를 보여주고, 소비자들이 어떤 메시지 혹은 제품을 제일 좋아하는지를 알 수 있다.

• 매장에서 제대로 대응할 수 있을까?

신제품 출시 전에 진행된 이벤트를 통해 매장 직원들의 숙련도를 올리고, 준비 상황을 점검할 수 있다.

온라인 마케팅을 활용하면 큰돈을 들이지 않더라도 다양한 테스트 마케팅을 할 수 있다. 특히 모바일 어플을 통해 회원들을 대상으로 한 테스트 마케팅은 소비자들의 진솔한 의견을 청취할 수 있다는 부수적인 효과도 있다.

 POINT

온라인기술
모바일 어플이나 구독자들을 활용해서 신제품 출시 전에 테스트 마케팅을 해보자. 신제품의 성공 가능성을 짐작할 수 있다.

효과적인 매체
브랜드 홈페이지, 모바일 어플, 유튜브, 페이스북, 인스타그램

숏폼과 쇼핑을 융합하면 생기는 일

숏폼 + 쇼핑 = 매출 증대

유튜브 쇼츠, 인스타그램 릴스, 틱톡 등은 1분 미만의 동영상, 즉 숏폼을 보여준다. 처음 숏폼이 등장했을 때 사람들은 숏폼이 주는 재미와 강렬함에 열광했다. 점점 더 많은 사람이 숏폼에 중독되었고, 이제는 뉴스 기사 역시 숏폼 형식으로 제작된다.

현재 숏폼은 한 단계 더 진화하여 숏폼과 쇼핑을 결합한 '숏핑(숏폼 + 쇼핑)'으로까지 발전했다. 숏핑은 '숏폼 커머스'라고도 불리는데, 숏폼의 마지막 부분에 광고를 넣거나 제품을 판매하는 사이트의 링크를 삽입한 방식으로 운영된다.

숏폼을 PPL처럼 운영하기도 한다. 짧지만 강력한 숏폼 속에 판내하려는 제품을 녹여낸다. 제품의 종류는 상관없다. 2++ 한우부터 여성용 마스카라까지 어떤 제품도 가능하다.

숏폼을 활용한 커머스가 성공한 이유는 무엇일까?

바로 심리적 무장해제 때문이다. 짧은 시간 동안 웃으면서 숏폼을 보다 보면 이성보다는 감성, 특히 충동적 심리가 강해진다. 합리적 이성은 '상술에 주의하자'라고 말하지만, 충동적 감각은 '한번 따라 해봐'라고 속삭인다. 그리고 어느 순간 손가락은 숏폼에 링크된 사이트를 클릭한다.

만약 홈쇼핑 같은 30분이나 한 시간 이상의 쇼핑 프로그램을 보고 있으면 '정말?', '다른 제품은 없을까?' 등의 생각이 들 수 있다. 하지만 숏핑은 아주 짧은 시간 안에 고객을 유혹한다. 다른 생각을 할 여지를 주지 않는다.

최근에는 홈쇼핑 채널들도 적극적으로 숏폼 커머스를 출시하고 있다. GS샵은 '숏픽'이라는 숏폼 커머스를 출시해서 6개월 만의 1억 뷰 이상의 성과를 거두었다.

숏폼 커머스가 성공하기 위해서는 크게 2가지 조건이 있다.

① 재미있어야 한다

숏폼을 보면서 진지한 내용과 정보를 기대하지는 않는다. 재미가 없으면 바로 다른 숏폼으로 이동한다.

② 제품과 숏폼이 어느 정도 관련성이 있어야 한다

맥락 없이 제품을 보여줄 수도 있지만, 적절한 상황을 연출하면 관심을 더욱 키울 수 있다.

숏폼 커머스는 인플루언서, 홈쇼핑 호스트, 그리고 연예인들만 가능한 것이 아니다. 매장에서 주인과 직원, 주인과 손님 간의 상황극도 좋다. 사무실에서 일어나는 코믹한 상황을 보여줄 수도 있다. 숏폼을 통해 판매를 유도한다는 전략과 잘 짜여진 시나리오만 있으면 된다. 가성비만 놓고 본다면, 숏폼 커머스를 안 할 이유는 정말 찾기 힘들다.

❗ POINT ◇

온라인기술
숏폼 커머스는 가성비 높은 최고의 온라인 판매 기술이다. 재미와 제품이 결합하면 구매를 쉽게 유도할 수 있다.

효과적인 매체
네이버, 유튜브, 인스타그램, 틱톡, 네이버 클립, 홈쇼핑 채널, 자사몰

온라인 광고의 카피는
무조건 매출 중심

카피라이팅 기술

'카피, 커피, 코피'

한때 광고대행사 카피라이터들에게 유행했던 말이다. 한 줄의
카피를 쓰기 위해, 커피를 물처럼 마시고, 마침내 코피까지 흘린
다는 뜻이다.

소비자의 시선을 사로잡는 광고 카피는 온라인 마케팅 시대에
더욱 중요해졌다. 아날로그 광고에서는 많은 광고비와 매체를
동원하기 때문에 광고가 많이 노출될수록 광고 카피가 힘을 받
았다.

하지만 온라인 마케팅 시대에서는 모든 것이 짧아졌다. 온라인 광고 한 편이 보여지는 시간은 불과 몇 초이며, 카피가 보여지는 크기는 겨우 스마트폰 화면이다. 더군다나 무수히 많은 온라인 광고와 숏폼들이 소비자의 시선을 강탈하고 있다.

이제 광고 카피는 더 짧고 더 강렬해야 한다. 그리고 더 독해야 한다. 지금 바로 노트북을 열고 네이버에 들어가보자. 검색창 밑에 디스플레이 광고가 보인다. 광고의 주요 카피를 보면 대부분 이렇다.

- 기다릴 필요 없이, 바로
- ~가 쏜다. 총상금 2억 원
- 허위 매물 무료 감정

"그녀의 자전거가 내 가슴 속으로 들어왔다"와 같은 인상 깊은 카피는 없다. 모두 구매와 방문을 유도하는 지극히 현실적인 카피들이다. 온라인 마케팅의 목적이 즉각적인 행동을 유도하는 것이므로 이런 카피가 광고의 목적에 충실한 것이다.

또한, 온라인 광고는 전문 카피라이터의 역량이 제한적이다. 매출 및 고객에 따라 실시간으로 온라인 광고가 교체되는 현실에서 광고 카피 한 줄을 위해 코피까지 흘릴 여유가 없다.

또, 현장에서 마케터 혹은 사장님이 바로 수정할 수 있어야 한다. 고객의 반응이 안 좋으면 다시 고치면 된다. 매출이 오를 때까지 계속 수정한다는 자세가 필요하다.

온라인 광고의 카피는 무조건 매출 중심이다. 멋진 카피, 기억에 남을 카피도 좋지만, 매출을 유도하는 카피를 먼저 써보자.

 POINT

온라인기술
온라인 마케팅의 카피는 무조건 매출과 구독을 유도해야 한다. 카피의 멋보다는 매출을 유도하는 카피가 우선이다.

효과적인 매체
디스플레이 광고, 검색 광고, SNS 광고

광고를 디자인할 때
시선에 따라 배치하는 비결

UI 디자인 방법

계속 보고 싶고 쉽게 이해가 되는 온라인 광고는 디자인부터 남다르다. 복잡하지 않고 한눈에 들어온다. 특별히 아름답거나 심미적이지도 않지만, 제품과 서비스가 쉽게 이해된다.

광고뿐만이 아니다. '방문해 주세요'라는 버튼을 클릭하고 들어가면, 랜딩 페이지도 한눈에 쏙 들어온다. 친절한 영업 사원이 옆에 있는 것처럼 고객이 궁금해할 부분만 정리해서 알려준다. 그러면 나도 모르게 어느 순간 '구매하기' 버튼을 누르고 있다.

이처럼 어떤 온라인 광고와 랜딩 페이지들은 처음 광고를 보는 순간부터 구매 버튼을 누르는 순간까지 모든 과정이 물 흐르듯 자연스럽다. 제품이 좋아서 그럴 수도 있고, 평소 관심 있는 제품일 수도 있다. 광고 메시지가 유독 훌륭할 수도 있다.

이때 가장 중요한 이유가 무엇일까? 랜딩 페이지의 디자인 구성 및 배치 때문이다.

광고나 랜딩 페이지의 화면 배치는 흔히 UI라고 한다. 일반적으로 디자이너의 전문적인 영역이다. 하지만 매출을 유도하는 UI의 몇 가지 비밀만 알고 있다면, 비전공자들도 충분히 해볼 수 있다. 다음의 UI 원칙들을 기억하자.

① 가장 중요한 요소를 제일 먼저 보여주자

시각적 계층 구조를 명확히 해야 한다. 제일 중요한 것을 먼저 배치하고, 색상과 폰트 크기, 굵기 등도 조절해야 한다.

② 소비자의 시선에 맞춰 UI를 배치하자

사람의 눈은 화면 왼쪽 위에서부터 Z 또는 F 모양으로 움직인다. 중요한 정보와 이미지부터 시작해서 순서대로 읽힐 수 있도록 내용을 배치해야 한다.

③ 빈 공간과 여백으로 가독성을 높이자

읽어야 할 정보가 많으면 이탈률이 높아진다. 중요한 정보 사이에 공간을 두고, 적절한 화이트 스페이스로 집중력을 높인다.

④ 컬러를 활용한 대비와 강조를 이용하자

행동을 유도하는 '구매하기' 버튼은 배경과 대비되는 컬러가 좋다. 브랜드를 상징하는 컬러는 일관되게 유지해야 한다.

⑤ 이미지와 동영상, 그리고 시각적 패턴을 이용하자

온라인 세대는 글보다는 이미지, 이미지보다는 동영상을 선호한다. 이미지와 동영상으로 대체할 수 있다면 글은 최대한 자제하자. 단, 이미지와 동영상이 많아지면 속도가 느려지니 주의한다.

온라인 광고와 랜딩 페이지의 목적은 구매와 구독을 이끌어 내는 것이다. 소비자가 제품을 구매하기 쉽게 유도하는 것이 가장 훌륭한 UI 디자인이다.

온라인 광고를 만들 때마다 UI 디자인을 매번 새로 할 수는 없다. 온라인 광고와 랜딩 페이지에 대한 기본 템플릿을 구성한 후 광고 기획안에 따라 조금씩 수정하는 것이 바람직하다. UI 디자인은 직관적이고 간결해야 한다. 아무리 많은 정보를 제공해도 읽히지 않는다면 논문일 뿐이다.

핵심만 '간단히'가 아니라
무조건 '재미있게'

스낵 콘텐츠 세대

MZ 세대가 연령에 기반한 호칭이라면, 스낵 콘텐츠 세대는 온라인 세대의 취향을 반영한 호칭이다.[16] 스낵 콘텐츠 세대는 마치 우리가 심심할 때 스낵을 먹듯이 심심풀이로 콘텐츠를 소비하는 세대다. 그들에게 온라인 미디어는 가볍고 쉽고 재미있어야 한다. 스낵 콘텐츠의 대표가 바로 '숏폼'이다.

온라인 세대를 위한 온라인 광고는 짧고 재미있어야 한다. 랜딩 페이지를 방문했을 때 제품에 대한 상세 정보만 나온다면 어떨까? 결과는 낮은 페이지 체류 시간과 높은 이탈률뿐이다.

소비자는 길고 자세한 내용들을 읽을 여유가 없고, 읽고 싶은 생각도 없다. 핵심만 '간단히'가 아니라 핵심만 '재미있게'가 제일 중요하다. 핵심만 재미있게 전달하기 위해서는 글보다 이미지를 활용해야 한다. 시각적으로 간결하고 쉽게 디자인된 이미지를 준비한다. 가능하다면 동영상이 더 좋다.

예를 들어, 제품을 설치하는 방법을 글 대신 동영상으로 보여주면 된다. 이런 동영상은 숏폼을 만드는 것보다 더 쉽게 만들 수 있다. 직원이 제품을 설치하는 모습을 스마트폰으로 찍은 후 최소한의 편집만 하고 업로드하면 된다. 사운드는 선택이다. 다만 자막은 필수다.

물론 이미지와 동영상 중심으로 제품을 광고할 경우, 꼭 필요한 정보가 빠질 수도 있다. 하지만 법 규정에 따라 반드시 필요한 정보는 광고나 랜딩 페이지 내에 링크를 걸어두거나 맨 마지막에 배치할 수도 있다. 소비자에게 당장 관심 없는 정보를 제공하다가 소비자를 잃는 일은 피해야 한다.

! POINT ⌄

온라인기술
글보다 이미지, 이미지보다 동영상을 우선시한다. 쉽게 보고 쉽게 따라 할 수 있는 온라인 광고를 기획하자.

효과적인 매체
네이버 광고, 브랜드 홈페이지, 온라인 스토어, SNS

온라인과 오프라인은 결국 하나로 합쳐진다

옴니 채널 활용 전략

옴니채널 전략이라는 단어가 있다. 라틴어에서 파생된 옴니 Omni라는 단어는 모든, 전체 등의 뜻을 갖고 있다. 따라서 옴니채널은 '모든 채널'을 의미한다.

옴니채널의 핵심은 브랜드가 온라인과 오프라인, 그리고 모바일 등 사용할 수 있는 모든 채널을 활용해서 소비자에게 접근하고, 판매량을 극대화하는 것이다.

• 사례 1 : 스타벅스의 사이렌 오더

사이렌 오더는 스타벅스 어플을 통해 원하는 커피를 주문하고, 오프라인 매장에 가서 커피를 픽업하는 방식이다.

매장에서 줄을 서는 단계를 건너뛰고 바로 커피를 마실 수 있다. 온라인 주문과 오프라인 픽업이 자연스레 이어짐에 따라 스타벅스는 놓칠 뻔한 고객 한 명을 확보했다.

・사례 2 : 교보문고 바로드림 서비스

모바일로 책을 주문한 후 예약한 오프라인 매장 내 바로드림 코너에서 책을 픽업하는 방식이다.

어떤 독자는 모바일 구매의 혜택을 누리면서 바로 책을 받고 싶어한다. 반면, 교보문고는 오프라인 서점으로 고객을 최대한 많이 끌어모아야 한다. 서점에 와서 진열된 베스트셀러를 보면 책을 한두 권 더 판매할 기회가 생기기 때문이다.

・사례 3 : 가구나 인테리어 브랜드

이번에는 오프라인과 온라인의 방문 순서가 바뀐 경우다. 증강현실^{AR}을 이용한 방식으로, 우선 오프라인 가구 매장에 가서 마음에 드는 가구들을 확인한다. 이후 집에 와서는 브랜드가 제공하는 모바일 증강현실 어플을 이용해서 매장에서 본 가구를 가상으로 집안 인테리어에 얹어본다. 그리고 마음에 들면 모바일 어플로 바로 제품을 주문하면 된다.

이처럼 옴니채널은 온라인과 오프라인을 효과적으로 연계해서 판매 가능성을 높이고, 교차 판매 활동을 유도할 수 있다.

오프라인 매장을 갖고 있는 작은 브랜드와 카페, 그리고 공방 등도 얼마든지 옴니채널 전략을 실행할 수 있다. 인스타그램 계정에 댓글을 남겼거나 회원 가입을 했다면 오프라인 매장에서 선물을 주는 캠페인을 기획할 수도 있다.

만약 다수의 오프라인 매장들을 운영 중이라면 오프라인 매장들끼리 연계한 캠페인도 좋은 방법이다. 우선 모바일 회원으로 등록하고 근처 매장들을 모두 방문해서 모바일 스탬프를 가득 채웠다면 매장에서 사용할 수 있는 모바일 포인트를 주는 방식이다. 이런 방식으로 오프라인 매장 방문과 모바일 회원 가입을 모두 촉진시킬 수 있다.

❗ POINT ⌄

온라인기술
옴니채널 전략을 통해 오프라인 매장과 온라인 스토어, 모바일 어플 등을 통합해서 고객이 빠져나갈 틈이 없도록 만들어보자.

효과적인 매체
모바일 어플, 온라인 스토어, SNS, 오프라인 매장

일단 네이버 스토어만 해도
충분하다

네이버 셀러가 되는 법

많은 사람들이 자신만의 작은 가게를 오픈하고, 이를 점점 키워서 누구나 아는 브랜드로 키우는 꿈을 갖고 있다. 하지만 처음 시작하는 것이 제일 어렵다. 오프라인에서 매장을 열자니 초기 투자비가 무섭고, 온라인에서 시작하자니 모든 것이 낯설다. 이런 경우 '네이버 스토어'가 좋은 솔루션이 될 수 있다.

네이버는 온라인 판매를 위한 하나의 생태계를 형성하고 있다. 포털에서 시작했지만, 지금은 이메일, 쇼핑, 블로그, 숏폼 등 다양한 서비스를 제공한다. 무엇보다 네이버에 하루 방문하는 방문객 숫자, 즉 트래픽을 절대 무시할 수 없다.

네이버 스토어에 자신만의 온라인 매장을 열기 위한 첫 번째 시작은 판매할 제품을 확보하는 것이다. 나만의 공방에서 만든 가죽 제품이건, 해외의 좋은 제품을 수입하건 상관없다. 제품의 특성에 맞는 브랜딩 작업을 병행하면서 스토어를 오픈한다.

이제부터 본격적인 판매 준비를 해야 한다. 손님들은 사이트를 우연히 들어오지 않는다. 부지런히 홍보하고 이용할 수 있는 자원을 최대한 이용해야 한다.

먼저 클립과 같은 네이버 숏폼 서비스를 이용해서 자신의 스토어를 홍보할 수 있다. 또한, 라이브 쇼핑 방송을 할 수도 있다. 글솜씨가 있다면 네이버 블로그를 운영하면서 홍보할 수도 있다. 최대한 제품의 노출도를 올릴 수 있는 방법을 네이버 생태계 안에서 찾아본다.

네이버 스토어를 이용하면 네이버 광고와 바로 연계되어 퍼포먼스 마케팅도 할 수 있다. 네이버 광고를 보고 네이버 스토어에 들어와서 구매한 사람들에 대한 정보를 확인할 수 있으며, 정교한 판매 전략을 기획할 수 있다. 또한, 네이버 페이는 소비자의 결제 편의성을 향상시켜서 구매를 촉진시킬 수 있다.

네이버 스토어는 온라인 판매를 위한 좋은 선택이다. 네이버 브랜드 스토어로 격상된다면 브랜드데이, 쇼핑라이브 우선권, 더 정교한 CRM 데이터 등의 혜택이 있다.

하지만, 가장 중요한 것은 우선 시작하는 것이다.

세상에서 가장 큰 쇼핑몰에 입점하기

온라인 커머스 플랫폼 활용법

만약 네이버가 나의 역량과 야망을 담기에 너무 작다면, 좀 더 큰 세상으로 나가보자.

① 쿠팡, 11번가 등과 같은 온라인 쇼핑 플랫폼

이들 쇼핑 플랫폼은 쇼핑만을 위해 만들어졌다. 쇼핑 편의성을 위한 다양한 서비스와 기능을 제공한다. 하지만 상대적으로 높은 수수료와 플랫폼 안에서의 경쟁 역시 쉽지 않다. 또한, 쇼핑 플랫폼이 고객 정보를 일차적으로 관리하기 때문에 구매 고객에 대한 정보를 확보하기 어렵다.

② 자사몰

자사몰은 브랜드가 직접 운영하고 관리하는 판매 사이트다. 일반적으로 D2C^{Direct To Customer} 모델이라고 한다. 자사몰의 장점은 플랫폼에 수수료를 낼 필요가 없다는 점이다. 물론 자사몰을 관리하기 위한 필요 비용은 발생한다. 하지만 판매할 때마다 지불해야 하는 수수료가 없기 때문에 상대적으로 판매 마진이 좋다. 또한, 방문자와 구매자들이 남긴 데이터 및 고객 정보들을 온전히 활용할 수 있다.

D2C 모델은 온라인 마케팅의 핵심 데이터를 가장 확실하게 획득하는 방법이다. 광고 및 판매 사이트를 임의대로 꾸미거나 디자인할 수 있기 때문에 개성 있고 차별화된 사이트 운영도 가능하다.

하지만, 단점이 있다. 어느 정도 브랜드 인지도가 있고 자사몰에 대한 홍보가 되어야 고객들이 방문한다. 판매 수수료는 없으나, 무척 많은 온라인 마케팅 비용을 지불해야 한다.

따라서 자사몰을 운영할지, 기본 쇼핑 플랫폼을 이용할지는 판매 수수료와 관리비, 그리고 광고비 등을 종합적으로 따져서 결정해야 한다.

③ 한국보다 훨씬 큰 해외 시장

아마존에 입점하거나 쇼피파이^{Shopify} 플랫폼을 이용하는 방식

으로 미국 및 해외 시장을 공략하는 방법이다. 당연히 한국 시장
에서 판매하는 것보다 언어와 판매 환경 등이 낯설고 어렵다. 하
지만 국내 5천만 명 시장 규모와 해외 수억 명의 시장 규모를 비
교하면 충분히 도전할 가치가 있다.

! POINT ⌄

온라인기술
다양한 온라인 판매를 고려할 때 매출 가능성과 비용 구조 등을 꼼꼼히
비교해서 결정하자.

효과적인 매체
쿠팡, 11번가, 지마켓, 아마존, 쇼피파이

한 가지만 팔아도
고객들이 몰려든다면?

차별화된 전문성

패션 전문몰을 운영하는 사장님 중에 제2의 '무신사'를 꿈꾸지 않는 사람이 있을까?

신발에 관심이 많았던 무신사 창업자는 현재 온·오프라인을 아우르는 거대 패션 기업을 만들었다. 무신사는 '무신사 스타일'이라는 스타일을 갖고 있지만, 현재는 종합 패션몰의 성격이 강하다.

반면에, 온라인 스토어 중에는 특정 연령, 특정 세대, 특정 패션 스타일에 집중하는 스토어들이 많다. 30~50대의 직장인 남성을 타깃으로 설립한 '댄블'은 1년마다 매년 10배 이상 거래액이 증가하면서 2024년

54억 원의 투자액을 유치했다.[17]

또한, '퀸잇'은 40~50대의 여성 고객을 대상으로 성장했다. '에이블리'도 저렴한 가격과 높은 인지도를 바탕으로 꾸준한 인기를 얻고 있다.

온라인 쇼핑몰의 장점은 특정 분야에서부터 작게 시작할 수 있다는 것이다. 30~50대의 남성 시장에 뚜렷한 강자가 없다면 그쪽 시장부터 공략할 수 있다. 50대 이상의 여성들 패션 스타일에 자신 있다면 그 시장부터 시작할 수도 있다. 특정 분야를 선택해서 온라인 판매를 시작하면 타깃 소비자들에게 전문성을 인정받을 수 있고, 충성고객들을 확보할 수 있다.

특정 분야에서 작게 시작했을 때의 장점은 타깃 소비자가 명확하기 때문에 아주 정교한 온라인 마케팅을 할 수 있다는 점이다. 30~50대 남성을 타깃으로 하는 '댄블'은 남성들이 주로 보는 사이트에만 광고하면 된다. 불필요하게 광고비를 낭비할 필요가 없다. 정교한 타겟팅은 결국 광고비를 절감하는 최선의 방법이다.

한 가지 영역에 특화된 온라인 판매는 패션뿐만 아니라 다양한 영역에서 볼 수 있다. 예를 들어, 피규어와 프라모델 등을 판매하는 '매니아하우스' 같은 사이트가 있다. 이외에도 만화책, 파충류, 곤충 등만을 전문적으로 취급하는 사이트들이 있다.

어떤 사업이든 자신이 제일 좋아하거나 많이 아는 분야에서 시

작하는 깃이 좋다. 고객들로부터 전문성을 인정받을 수 있고, 효
과적인 온라인 마케팅도 할 수 있다.

온라인기술
자신만의 전문성이 있다면 한 가지 분야에 특화된 전문몰에 도전해보자.
전문몰은 타깃 소비자가 명확하기 때문에 성공 가능성이 높다.

효과적인 매체
자사몰, 전문몰, 네이버 스토어

요즘 누가 홈쇼핑을 봐요?
쇼핑도 라이브죠

라이브 스트리밍을 통한 판매

홈쇼핑 방송을 보면 입담 좋은 쇼핑호스트가 열심히 제품을 판매한다. 그 모습만 봐도 시간 가는 줄 모른다. 실제로 한국은 전 세계에 홈쇼핑 노하우를 전파하는 홈쇼핑 선진국이다. 하지만 최근 홈쇼핑의 실적이 예전 같지 않다.

정확하게 말하면, TV를 중심으로 한 홈쇼핑은 지속적으로 침체 국면이다. 반면에 모바일 혹은 라이브 커머스로 방향을 튼 홈쇼핑은 오히려 성장하고 있다.

롯데홈쇼핑은 최근 TV, 모바일 등 전 채널로 숏폼 콘텐츠를 확대했고,

CJ온스타일은 2023년 동기 대비 모바일 라이브 커머스 취급고(광고 제작비)가 88.6% 증가했다. 또한 한예슬, 안재현 등 유명 셀럽이 등장하는 초대형 모바일 라이브쇼를 론칭했다.[18]

이제 홈쇼핑은 모바일 기반의 라이브 커머스가 대세가 되었다. 라이브 커머스는 시청자와 판매자 모두에게 장점이 있다. 시청자는 스마트폰을 가지고 장소와 시간에 상관없이 쇼핑 방송을 볼 수 있다. 쇼핑 방송을 보면서 관심 있으면 바로 제품을 구입하거나 비슷한 형태의 다른 제품을 검색할 수 있다.

판매자는 라이브 커머스를 통해 더 많은 혜택을 얻는다.

라이브 커머스는 TV 홈쇼핑과 비교해서 준비 시간과 비용이 적게 든다. 장소에 상관없이 제품이 잘 나오는 환경이면 충분하고, 장비 역시 스마트폰과 간단한 동영상 프로그램만 있으면 된다. 유명하고 비싼 쇼핑호스트도 필요 없다. 말 잘하고 넉살 좋은 직원이면 충분하다.

특히, 실시간으로 시청자의 댓글과 구매 숫자를 보면서 현장에서 발 빠르게 대응할 수 있다.

네이버는 쇼핑라이브라는 라이브 커머스를 제공한다. 네이버에 브랜드 스토어로 등재된 스토어는 우선적으로 라이브 커머스를 할 수 있다. 인스타그램은 라이브 쇼핑을 지원한다. 인스타그램에 비즈니스 계정을 갖고 있으면 제품 카탈로그 업로드 및 라이브 쇼핑 기능을 활성화할 수 있다. 유튜브에선 실시간 스트리밍으로 제품 소개 및 판매를 할 수 있다.

비록 연예인이 등장하는 모바일 라이브 커머스만큼은 안 되겠지만, 스마트폰만 있으면 누구든지 쇼핑호스트가 되어 라이브로 물건을 판매할 수 있다.

❗ POINT ⌄

온라인기술
모바일 라이브 커머스가 대세다. 손안의 방송국을 갖고 전국이 촬영 장소가 된다. 원할 때면 언제든 물건을 팔 수 있는 세상이다.

효과적인 매체
라이브 커머스 채널, 네이버 라이브쇼핑, 인스타그램, 유튜브

고객 리뷰를 잘 활용하는 법
3가지

고객 리뷰를 활용하는 기술

요즘은 고객 리뷰만큼 말도 많고 탈도 많은 것이 없다. 고객의 리뷰 한 줄에 따라 매장의 매출이 롤러코스터를 타듯 출렁인다. 진심을 담은 리뷰 때문에 주문이 폭주하기도 하지만, 근거 없는 악성 리뷰 때문에 몇 년 동안 쌓아온 이미지가 단번에 무너지기도 한다.

고객 리뷰 문제를 어떻게 하면 좋을까?

온라인 스토어와 배달 플랫폼은 고객 리뷰를 받기 위해 다양한 정책 및 활동을 펴고 있다. 대표적으로 리뷰 이벤트가 있다. 좋은 댓글을 적어주거나 포토 이벤트에 참여하면, 작은 혜택이나 적립금을 추가로 지급한다. 리뷰 이벤트는 선택이 아니라 필수가 되었다. 사람들은 우선 리뷰 숫자부터 살펴보기 때문이다.

근데, 그냥 리뷰가 아니라 좋은 리뷰를 받는 것이 중요하다. 고객의 진심이 담긴 리뷰를 보고 사람들이 찾아오기 때문이다.

좋은 리뷰가 작성될 때까지 기다리는 것이 아니라 좋은 리뷰를 작성하도록 유도하고, 더 나아가 좋은 리뷰를 선정해서 온라인 마케팅에 활용해보자.

그렇다면, 좋은 리뷰란 어떤 것일까?

일단 칭찬이 담겨 있어야 한다. 그리고 사람들이 리뷰를 검색해서 내 스토어, 내 매장을 더 많이 방문하게 하는 것이다.

① 먼저, 검색엔진최적화SEO**의 개념을 이해한다**

검색엔진최적화는 네이버 또는 구글에서 정확하게 검색할 수 있도록 도와준다. 검색 단어와 해당 사이트의 적합도가 높을수록 더 쉽게 검색된다.

만약 매장은 '이국적인, 색다른' 등의 콘셉트를 지향하는데, 리뷰한 고객들이 단순히 '맛있어요', '좋아요'만 남긴다면 검색에서 걸릴 가능성은 거의 없다. 리뷰를 남길 때 구체적으로 어떤 단어를 중심으로 적어달라고 요청하는 것이 제일 좋다. 리뷰를 남기

는 고객들이 최대한 관련된 키워드를 남길 수 있도록 유도해야
한다.

② 리뷰 기반의 광고도 좋은 방법이다

좋은 리뷰는 훌륭한 광고 콘텐츠다. 브랜드와 매장 정보가 잘
어울리는 리뷰를 선정해서 온라인 광고 또는 랜딩 페이지에 배치
해야 한다. 서로 잘 연계될수록 효과는 더 커진다.

리뷰를 SNS에도 적극 활용할 수 있다. 너무 자주 봐서 식상하
지만 '고객들이 선택한', '고객들이 말하는' 등의 광고 멘트는 여전
히 힘을 발휘한다. 이런 좋은 SNS 소재를 사용하지 않을 이유는
없다.

③ 마지막으로, 인플루언서가 본인의 사용 후기를 말하는 경우다

인플루언서의 사용 후기는 강력하다. 하지만 단점도 많다. 인
플루언서가 나오는 순간 바로 '광고, 협찬, 후원' 등을 떠올리고,
인플루언서의 말과 행동에 너무 많은 영향을 받게 된다. 하지만
인플루언서를 가성비 있게 활용할 수 있다면 괜찮은 선택이다.
인플루언서에 들어가는 비용 대비 예상되는 매출을 꼼꼼히 생각
해야 한다.

고객 리뷰는 브랜드와 매장의 성공과 실패를 결정짓는 중요한

역할을 한다. 부정적인 리뷰와 댓글 때문에 스트레스 받는 사장님과 마케터라면 당장 리뷰창을 없애고 싶어진다. 하지만 리뷰는 잘만 활용하면 큰 무기가 된다.

막연히 고객의 리뷰를 기다리지 말고, 고객이 원하는 리뷰를 남길 수 있도록 유도해야 한다. 그리고, 악플보다 무서운 것은 무플이다.

❗ POINT ⌄

온라인기술
고객 리뷰는 훌륭한 온라인 콘텐츠다. 고객이 내가 원하는 리뷰를 남길 수 있도록 적극적으로 유도하자.

효과적인 매체
네이버 플레이스, 네이버 스토어, 쿠팡, 배달의민족, 야놀자, 쿠팡잇츠

계약이 끝난 갤럭시 모델이
아이폰을 사용?

인플루언서 활용 시 주의사항

인플루언서의 영향력이 나날이 커지고 있다. 그들은 제품의 브랜딩과 매출에 큰 영향을 준다. 대부분의 인플루언서들은 긍정적인 효과를 주지만, 불행히도 아름답지 않게 끝나는 경우도 많다.

브랜드는 일단 인연이 된 인플루언서가 영원히 나를 지켜줄 거라고 생각하지만, 그들은 철저하게 계약에 따라 움직인다.

삼성전자 갤럭시 모델은 당시에 가장 핫한 인플루언서가 하는 경우가 많다. 그런데 그들이 계약 기간이 끝나자마자 아이폰을 사용하는 사진이 퍼지기도 한다. 그들은 계약 기간에만 갤럭시를 사용할 의무를 지니기 때문이다. 계약 기간이 끝난 후라면 아이폰을 사용한다고 해서 법적인 문제는 없다. 개인의 취향을 문제시할 수는 없다.

매출과 브랜딩을 위해 인플루언서와 계약을 맺을 때는 계약서를 꼼꼼히 살펴야 한다. 계약 기간 중에 인플루언서가 문제를 일으켜서 매출에 문제가 생길 경우 위약금을 받을 수 있어야 한다. 계약 조건을 잘 지키지 않았을 때에 대한 대비책도 넣는다.

실제로 몇 년 전 오디션 프로그램으로 확 뜬 인플루언서가 중소기업과의 계약을 제대로 지키지 않아서 문제가 된 적이 있었다. 흐지부지 일을 끌다가 언론에 크게 보도된 후에야 적절한 보상을 받았다고 한다.

인플루언서가 계약 기간에 일으킨 문제점은 그나마 다행이다. 계약서에 의해 정당한 보상을 청구할 수 있다. 하지만, 계약 기간 종료 후에 발생한 문제 때문에 피해를 본 경우에는 정말 대책이 없다. 서둘러 브랜드에서 흔적들을 지울 수밖에 없다.

이제 이름이 막 알려지기 시작한 브랜드들은 인플루언서에 대한 협상력을 거의 갖지 못한 상태로 계약한다. 인플루언서 한 명을 보고 브랜드의 운명을 거는 건 위험하다. 만약 안전장치를 마련할 수 없다면 정말 평판이 좋은 인플루언서를 찾아야 한다.

챗봇을 활용해서
24시간 고객 서비스

인공지능 챗봇 활용의 정석

"아직도 배송이 안 되고 있어요."

"화면에서 보던 색상과 달라요. 환불해주세요!"

온라인 판매에서 가장 어려운 일 중 하나가 고객 상담이다. 오프라인에서는 매장 직원이 바로 상담할 수 있지만, 온라인에서는 불가능하다. 수시로 걸려오는 전화를 당겨 받거나 온라인 상담창에 적힌 고객의 문의와 불만에 대응해야 한다. 그렇다고 전문 콜센터를 구축하기에는 비용이 무섭다.

최근에는 인공지능 기반의 챗봇이 이런 어려운 부분을 많이 해결해주고 있다. 챗봇은 예전에도 있었으나 그때는 간단한 안내만 해줄 뿐이었다. 챗봇이라고 말하기도 민망한 수준이다.

하지만 지금은 인공지능 기술이 발전하여 상담원 수준으로 대응이 가능해졌다. 사람의 목소리와 문자를 이해하고 반응할 수 있다. 고객 계정 정보의 확인 및 업데이트, 주문 상태 조회 및 변경, 간단한 결제 처리 등이 가능하다. 기본적인 불만 접수 및 처리도 가능하다.

그러나, 아직 복잡한 문제 해결 및 기술지원이나 맞춤형 제품 추천은 불가능하다. 고객의 감정도 헤아리지 못한다. 그래도 시나리오에 기반한 텍스트만 읽어주던 것에 비해 발전했다.

인공지능 챗봇을 도입하기로 결정했다면, 중요한 과제가 시작된다. 바로 챗봇을 교육시켜야 한다. 인공지능 챗봇 솔루션을 설치했다고 모든 문제가 해결되지 않는다. 갖고 있는 모든 데이터들을 총동원해서 고객의 질문에 대응할 수 있도록 해야 한다. 이미 쌓아놓은 데이터가 많은 조직일수록 챗봇의 업무 수행이 고도화된다. 온라인 판매를 처음 시작한 스토어라면 챗봇은 단순 기능만 수행할 수 있다.

인공지능 챗봇은 콜센터보다 저렴하지만 효율성 높은 서비스를 제공한다. 하지만 아직은 한계도 명확하다. 챗봇 도입은 필수 사항이지만, 언제 도입할지를 잘 파악해보자.

영업이 편해지는
인공지능 활용 비법 3가지

매출을 위한 인공지능 활용법

성수동에서 10년간 가죽 공방을 운영하다가, 이번에 네이버 스토어를 시작하기로 했다. 제품도 선정하고, 가격도 책정했다. 이제 가죽 공방과 제품들을 소개하는 상품 페이지를 작성할 차례다. 하지만, 도무지 뭐부터 써야 할지 모르겠다. 매장을 직접 방문한 고객이라면 아무리 까다롭더라도 10년 내공을 활용해 제품을 설명하고 판매할 자신이 있는데···. 대체 온라인 고객에게는 무엇부터 설명해야 할까?

심지어 제품 이미지도 마음에 들지 않는다. 비슷한 가죽 공방을 운영하는 친구는 온라인 에이전시를 이용한다고 하던데, 대행 수수료를 생각하니 부담이 크다.

이럴 때 다양한 인공지능 툴을 사용해봐도 좋다. 잘만 활용하면 썩 괜찮은 광고 문구와 이미지, 영업전략까지 얻을 수 있다. 무료로 사용 가능한 것도 많고, 마음에 드는 걸 얻을 때까지 반복해서 작업할 수도 있다.

인공지능을 효과적으로 활용하는 방법을 알아보자.

① 온라인 영업 전략을 수립한다

챗GPT에게 제품 특징, 고객, 가격 등의 정보를 입력한 후, 온라인 판매 기획서를 요청하자. 차별화 방안, 프로모션, 성과 목표 등 생각하지도 못했던 알찬 기획안을 얻을 수 있다.

② 영업용 카피 및 메시지를 만든다

생성형 인공지능에 기반한 뤼튼Wrtn을 이용하면 최신 트렌드에 맞는 카피를 작성할 수 있다. 제품의 특장점을 바로 알려주는 짧은 카피뿐 아니라 장문의 제품 설명까지 작성할 수 있다.

③ 상품을 매력적으로 보여주는 이미지를 생성한다

기존에 있는 제품 사진이 마음에 들지 않지만, 전문 사진사에게 맡기기에는 비용이 무섭다. 이때 인공지능 이미지 툴을 사용하면 한층 업그레이드된 이미지를 얻을 수 있다.

④ 30초 광고 동영상을 만들어서 네이버 스토어에 올린다

VEED, 캔바 AI 비디오 등의 인공지능 툴은 간단한 명령어를 가지고 짧은 동영상을 만들어준다. 아직은 어설프지만, 소비자의 관심을 끌 수 있는 동영상을 1~2분 안에 만들 수 있다.

인공지능을 활용하면 상품 페이지에 필요한 자료와 이미지를 쉽게 만들 수 있다. 물론 아직은 전문가가 만드는 것보다 수준이 떨어질 수 있다. 사장님의 생각이 100% 반영되지도 않는다. 하지만 인공지능에게 몇 번이고 반복적으로 다양한 과제를 수행하게 하면, 점점 내가 원하는 결과물에 다다른다. 아무리 반복해도 지치거나 불만이 없다.

챗GPT 외에도 다양한 인공지능 툴이 있다. 인공지능 툴만 잘 활용해도 온라인 판매를 준비하는 시간과 비용을 크게 줄일 수 있다. 인공지능은 온라인 판매를 위한 유능한 파트너다.

! POINT ⌄

온라인기술
인공지능만 잘 활용하면 온라인 판매를 위한 준비가 훨씬 쉬워진다.

효과적인 매체
챗GPT, Canva, VEED 등 다양한 인공지능 툴

매장의 키오스크가
노련한 디지털 마케터로 변신

매장 내 키오스크 활용법

요즘은 식당이나 카페에서 키오스크를 쉽게 볼 수 있다. 키오스크는 직원 대신 주문을 받고 결제를 처리한다. 매장 점주에게 키오스크는 고객을 상시 응대하는 직원이자 비용 절감을 위한 수단이다. 소비자 역시 키오스크에 점점 익숙해지고 있다. 코로나 이후 비대면이 편해진 점도 있고, 대기하는 손님이 많을 때는 차라리 키오스크가 더 빠르다.

또한, 키오스크를 잘 활용하면 1개 팔 것을 2개 팔 수 있고, 신제품도 더 빨리 알릴 수 있다. 원재료가 많이 남아서 고민인 제품도 효과적으로 팔 수 있다. 예전에는 숙련된 영업사원이 고객 옆에서 쉴 새 없이 작업해야 할 일을 키오스크 한 대로 모두 처리할 수도 있다.

비결은 키오스크 모니터의 메뉴판에 있다. 키오스크는 일반적으로 3가지 단계로 고객과 만난다.

① 고객이 주문하기 전에 보는 단계

카페 라떼가 생각나서 매장에 들어왔는데, 키오스크에서 신 메뉴인 화이트 라떼 초콜릿이 보인다. 비록 가격은 천 원 더 비싸지만 왠지 마셔보고 싶다.

② 구매 결정을 내리는 단계

화이트 라떼 초콜릿을 선택했더니 같이 구매하면 두바이 초콜릿을 천 원 할인해준다고 한다. 카페 라떼보다 화이트 라떼 초콜릿을 선택하느라 천 원을 더 지불했는데, 두바이 초콜릿은 천 원을 할인해준다고 하니 왠지 추가 지출은 없는 것 같다. 두바이 초콜릿도 같이 주문한다.

③ 결제 단계

포인트 적립을 위해 전화번호를 입력하라고 한다. 일곱 번 이상 적립하면 두바이 초콜릿을 하나 준다고 한다. 큰 고민 없이 전화번호를 입력한다.

이 상황에서 키오스크는 어떤 영업 활동을 했을까?

첫 번째는 업셀링^{Upselling}이다. 카페 라떼를 천 원 더 비싼 화이트 라떼 초콜릿으로 바꿨다. 두 번째는 크로스셀링^{Cross-selling}이다. 커피만 사려는 고객에게 두바이 초콜릿도 판매했다. 마지막은 고객 정보 확보다. 이번에 확보한 고객 번호로 앞으로 새로운 프로모션이 있을 때마다 카톡을 보낼 수 있다.

이 모든 활동이 키오스크 한 대로 완성된 것이다. 물론 이를 위해서는 다음의 3가지 원칙을 준수해야 한다.

원칙 1. 키오스크는 온라인 마케팅이다 : 온라인의 장점을 활용하자

온라인의 장점은 언제든지 쉽고 빠르게 바꿀 수 있다는 점이다. 고객의 반응과 제품 판매량에 따라 제일 먼저 보여주는 메뉴와 광고하는 메뉴를 바꿔주자.

원칙 2. 키오스크는 광고판이다 : 적극 활용하자

키오스크는 메뉴판이 아니라 광고판이다. 소비자는 광고하는 제품에 반응한다. 신제품 혹은 시그니처 메뉴를 처음부터 당당하게 보여주자.

원칙 3. 키오스크는 심플해야 한다 : 복잡하면 뭘 선택했는지도 모른다

키오스크 UI/UX의 핵심은 심플함이다. 너무 복잡하고 정보가 많으면 소비자를 불편하게 한다. 가능한 심플한 디자인이 소비자의 선택을 돕는다.

맥도날드 혹은 롯데리아처럼 규모가 큰 프랜차이즈의 키오스크 메뉴를 보면 항상 광고하는 제품이 맨 처음 등장한다. 그리고 메뉴를 선택하면, 같이 먹으면 좋을 사이드 메뉴를 어김없이 제시한다. 마지막에 포인트 적립을 할지 물어본다.

이 모든 구성이 더 많은 매출을 이끌어 내기 위한 장치들이다.

키오스크가 온라인 마케팅과 결합하면 훌륭한 영업사원으로 변신한다.

! POINT ◇

온라인기술
매장 내 키오스크의 화면과 메뉴 구성만 바꿔도 업셀링, 크로스셀링이 활성화된다.

효과적인 매체
매장 내 키오스크, 키오스크와 연계된 온라인 광고

관심을 구매로 바꾸는
2가지 비밀

구매 전환율 높이는 법

온라인 마케팅과 온라인 판매에 특화된 용어가 한 가지 있다. 바로 '구매 전환율'이다. 온라인 마케팅과 온라인 판매의 최종 성과를 알려주는 핵심 지표다.

구매 전환율은 특정 사이트에서 제품을 구매한 고객들을 총 방문객으로 나눈 수치다. 높은 구매 전환율은 방문객 중에서 실제로 구매한 사람의 숫자가 높다는 것이며, 낮은 구매 전환율은 방문자는 많지만 구매로 이어진 사람은 적다는 것을 의미한다. 당연히 구매 전환율은 높을수록 좋다.

구매 전환율의 극대화를 위한 2가지 노하우를 알아보자.

① 제품 구매자를 안정적으로 늘리는 법

판매자들은 제품만 좋으면 무조건 사람들이 사줄 거라고 믿는다. 하지만 현실은 전혀 그렇지 않다. 아무리 제품이 좋다고 외쳐도 사람들은 관심이 없다. 제품 판매의 첫 번째 단계는 더 많은 사람이 제품을 알 수 있게 광고하는 것이다. 제품에 관심이 있는 사람들이 많아질수록 잠재 구매자들이 증가한다. 따라서 구매 전환율을 높이기 위해서는 온라인 광고를 많이 해서 제품에 관심 있는 사람들을 늘려야 한다.

② 분모, 즉 총 방문객 수를 줄이는 법

얼핏 생각하면 방문객은 한 명이라도 많아야 좋을 것 같다. 하지만, 온라인 마케팅을 제대로 해서 꼭 필요한 타깃 고객에게만 광고한다면 불필요한 고객에게 광고비를 쓰지 않고 필요한 고객만 유도할 수 있다. 바로 앞에서 온라인 광고를 많이 해야 한다고 말했는데, 중요한 점은 타깃 고객에게만 광고를 많이 하자는 의미로 이해해야 한다.

정말 구매할 것 같은 잠재 고객들에게 광고 물량을 집중하고, 제품에 관심이 생긴 사람들이 진짜로 구매할 수 있도록 해야 한다. 항상 전략적으로 구매 전환율을 고려하자.

결론만 말하까면 '당짱 제대로 씨딱하라고!'

"1,000% 한계 없이 오르는 매출을 경험하라"

11,038개의 디지털 솔루션 중
나에게 맞는 것은?

디지털 솔루션을 활용한 업무 자동화 기법

온라인 마케팅을 온라인스럽게 만드는 기술은 '보이지 않는 곳'에 숨어 있다.

대표적으로 고객 데이터를 수집하고 분석하는 기술이다. 아날로그 시대에는 영업이 끝난 후에 직원이 손으로 방문 고객에 대한 정보를 정리했다. 하지만 지금은 고객이 사이트를 방문하면 고객에 대한 정보가 자동으로 기록되어 남겨진다. 이런 데이터가 모여서 고객 프로파일을 만들고 고객 세분화를 할 수 있다.

흔히 말하는 빅데이터를 활용하는 방법이다.

온라인 마케팅에서 사용하는 기술을 디지털 솔루션 또는 '마테크$^{Martech'}$라고 부른다. 마테크는 핀테크처럼 마케팅과 테크놀로지가 결합된 용어인데, 마케팅을 위해 온라인기술을 활용하는 솔루션을 가리킨다.

디지털 솔루션은 최근 2010년 이후 급격하게 발전했다.[19] 이들 솔루션들은 이메일 마케팅, CRM, 프로그래메틱 바잉 등 다양한 분야로 구성되는데, 최근에는 생성형 인공지능 기반의 솔루션도 빠르게 증가하고 있다.

일반 기업의 마케팅 부서와 개인이 운영하는 카페와 공방들, 그리고 네이버 스토어에 입점한 판매자들이 11,038개나 되는 디지털 솔루션을 모두 알 필요는 없다. 그럼에도 디지털 솔루션 혹은 마테크라고 불리는 온라인기술에 대한 관심은 꼭 필요하다. 새로운 온라인기술이 출시되면 한순간에 경쟁의 규칙이 바뀌기 때문이다.

!) POINT ◇

───────────────────────────

온라인기술
디지털 솔루션은 경쟁의 규칙을 바꿀 수 있다. 항상 경쟁자가 어떤 솔루션을 도입해서 효과를 보는지 살펴야 한다. 남들이 5G 속도로 움직일 때 2G로는 따라갈 수 없다.

효과적인 매체
생성형 인공지능 기반의 카피, 동영상 솔루션, 챗GPT, 빅데이터

───────────────────────────

디지털 솔루션은
훌륭한 분석가다

마케팅 자동화를 통한 고객 분석

네이버 블로그나 구글 애드센스를 이용하고 있다면, 이미 세계적 수준의 디지털 솔루션을 활용하는 중이다.

블로그와 연계된 구글 애드센스는 추가 비용 없이 자신의 사이트에 들어온 고객들에 대한 정보를 제공한다. 어떤 사이트를 통해 우리 사이트로 방문했고, 얼마나 머물다 갔는지 등의 정보들이다. 특히, 사이트에서 발생한 매출을 알 수 있다. 디스플레이 광고에서 나온 매출을 확인하고 디스플레이 광고의 이미지를 수정할지 고민할 수도 있다.

구글 애드센스는 1인 기업을 위한 디지털 솔루션 혹은 마테크를 매우 잘 보여준다. 쉽고 직관적이고 편리하고 무료다. 물론 무료 솔루션보다는 유료 솔루션이 더 많은 기능과 서비스를 제공한다. 하지만 1인 기업 혹은 디지털 마케터에게는 꼭 필요한 정보만 제공하는 디지털 솔루션이 최고다.

디지털 솔루션은 다양한 데이터를 제공하고, 이 정보를 가공해서 고객에 대한 상세한 정보를 알려준다. 예를 들면, 고객 A는 신제품 마카롱이 나온 디스플레이 광고를 클릭했고, 고객 B는 광고에 나온 신제품 마카롱을 주문했다 등과 같은 정보다. 데이터는 있는 그대로의 사실을 전할 뿐이다. 하지만 고객 A와 고객 B가 합쳐지면, 여성 고객들이 주로 12시에서 1시 사이에 마카롱에 관심을 보이거나 구매한다는 정보를 알 수 있다.

이제부터는 솔루션이 아니라 사람이 능력을 발휘할 시간이다.

• 왜 여성들이 12시부터 1시간 동안 마카롱을 구매할까?

직장 여성들이 점심을 먹은 후 맛있는 디저트가 생각나서 마카롱을 구매한다고 생각할 수 있다.

• 그렇다면, 앞으로 무엇을 하면 좋을까?

점심시간에 맞춰 네이버 디스플레이 광고에 집중하고, 광고 내용은 식사 후 달콤한 디저트가 생각나는 모습이면 좋다. 이제 마케팅 전략이 설정되었다.

전략이 정해졌다면 다시 디지털 솔루션을 활용한다. 전략을 상세한 기획으로 바꿔야 한다. 여성 직장인들의 시각과 미각을 자극할 마카롱 이미지와 멋진 카피를 인공지능 툴을 가지고 제작하면 된다. 물론 마케터의 감성으로 마지막 터치를 더한다.

디지털 솔루션을 이용해서 마케팅 전략에 필요한 핵심 데이터를 모으고 정보를 분석했다.

이외에도 타깃 고객 특성에 맞는 제품 정보를 자동으로 작성해서 정기적으로 이메일을 보낼 수도 있다. 또한, 잠재 고객에게 신제품 출시 정보를 자동으로 발송할 수 있고, 고객이 이메일에 반응하지 않으면 추가 정보를 담은 이메일을 보낼 수도 있다.

이런 활동은 B2B에서 흔히 리드 관리라고 하는데, 리드 관리에 특화된 마케팅 자동화 툴은 이미 많이 사용하고 있다.

디지털 솔루션을 활용하면, 신규 인력 채용 없이 더 많은 일을 효과적으로 할 수 있다.

 POINT

온라인기술
우선 챗GPT를 활용해서 디지털 솔루션을 확인하고 테스트해보자.

효과적인 매체
인공지능 마케팅 솔루션, SaaS 기반 마케팅 툴, 네이버, 구글

온라인 세상에도
한정판은 통한다

시즌 한정으로 재방문 유도

"이번에는 정말 속지 않아!"

그럼에도 불구하고 늘 당하는 마케팅 기법이 있다. 바로 한정
판 마케팅이다. 자주 가던 매장이라 슬슬 지겨울 만하면 갑자기
매장 앞에 '한정 판매'라는 배너가 걸린다. 어쩔 수 없이 매장 문
을 열게 된다. 막상 들어가면 별로 살 거는 없지만, 이번 시즌에만
나온다니 다시 한 번 보게 된다.

이런 한정판 마케팅은 스타벅스, 유니클로, 현대자동차, 삼성
전자 갤럭시 등 제품 종류와 가격대와 상관없이 쉽게 볼 수 있다.

한정판 마케팅은 오프라인을 넘어 온라인에서도 강력한 힘을 발휘한다. 가장 쉬운 방법은 시즌 한정 세일이나 시즌 한정 이벤트처럼 가격을 조정하는 방식이다. 하지만 가격 할인은 경쟁 브랜드와 가격 전쟁을 불러일으킬 수 있어서 피하는 것이 좋다. 정말 온라인스러운 한정판이 필요하다.

얼마 전까지 NFT는 온라인에 특화된 한정 상품이었다. 대체불가 토큰이라는 의미의 NFT는 블록체인 기술을 활용해서 소수의 상품만을 발행한 후 천문학적 금액으로 판매되었다. 물론 한때의 유행으로 끝났지만, 온라인에서도 한정 판매가 가능하다는 것을 잘 보여준 사례다.

온라인의 한정판 사례로 셀카 어플인 '스노우' 혹은 'B612' 등을 살펴보자. 이 어플들은 젊은층의 인기를 바탕으로 빠르게 성장했지만, 매우 경쟁이 심한 카테고리다.

고객들은 이미 스마트폰에 서너 개의 셀카 어플을 설치하고 있다. 스노우를 주로 쓰다가 트렌드가 바뀌거나 지겨워지면 B612로 이동한다. 심지어 웹스토어에는 하루가 멀다고 새로운 어플이 출시된다. 그래서 기존 어플들은 신규 고객보다 기존 고객을 관리하는 것이 더 중요하다. 이때 사용하는 방식이 바로 시즌 한정 필터를 출시하는 방식이다.

예를 들어 할로윈 시즌이 되었다면, 할로윈에 특화된 필터 혹은 특수효과를 반짝 출시한다. 다른 셀카 어플을 이용하더라도 시즌 한정 필터가 출시되었다면 오랜만에 재방문을 하게 된다. 시즌 한정 필디 때문에 6개월 만에 와보니 어플이 조금 더 세련되어진 것을 발견한다. 그러면 잃어버렸던 충성도가 다시 차오른다.

사실 시즌 한정 상품을 준비하는 일은 쉽지 않다. 충분한 물량을 확보하기도 어렵고, 일정 기간 동안 준비된 상품이 판매되지 않으면 손실로 이어진다.

하지만 최근 방문이 뜸한 고객들에게 집중적으로 한정 제품을 광고할 수 있다. 브랜드에 대한 충성도가 아직 식지 않았다면, 한정판 제품 정보를 나에게 먼저 알려준다는 멘트에 쉽게 넘어올 수 있다. 여기에, 약간의 추가 혜택을 더 제공하면 집 나간 고객을 다시 불러올 수도 있다.

온라인 마케팅에서 한정판 마케팅은 강력하다.

단순히 졸업 시즌이 되었으니 졸업맞이 행사를 하는 것이 아니라, 한정판 제품을 적극 활용해서 고객의 관심과 구매를 촉진한다는 명확한 계획이 필요하다.

보여줄 듯, 안 보여줄 듯
고객을 애태우는 법

티저 광고의 정석

신제품을 잘 팔 수 있는 방법은? 제품을 보여주는 대신 오히려 감추는 것이다. 제품 정보를 숨겨서 소비자들이 자발적으로 정보를 찾아다니게 만들어야 한다. 신제품과 관련된 정보들을 힘들게 찾다 보면 없던 충성심도 생기고, 지금까지 투입한 시간이 아까워서라도 제품을 구매하게 된다.

하지만 포인트는 제품을 적당히 감춰야 한다는 것이다. 소비자들의 애간장을 녹일 정도의 호기심을 일으킬 정도가 딱 적당하다.

신제품 출시 전에 소비자의 관심을 이끌어 내는 광고를 티저 Teaser 광고라고 한다. 티저 광고는 신제품 출시 전에 '이제 신제품이 출시됩니다'라는 정보를 알리는 역할을 한다. 이때 티저 광고에서 신제품 정보는 일체 제공하지 않는다. 심지어 이미지도 슬쩍 실루엣 정도만 보여준다.

티저 광고는 아이폰, 갤럭시 같은 스마트기기에서 많이 보인다. 갤럭시는 S24를 출시하기 전에 '갤럭시 AI가 온다'라는 티저 광고를 출시했고, 애플은 항상 신제품 출시 전에 제품의 이미지 컷을 보여준다.

티저 광고는 아날로그 시대에도 있었지만, 온라인 마케팅에 더 적합한 방식이다. 티저 광고의 핵심은 더 많은 잠재 소비자의 관심을 이끌어 내고, 자연스러운 바이럴을 만들어 내는 것이다. 온라인 마케팅처럼 바이럴에 특화된 매체는 없다.

티저 광고는 제품 정보 및 이미지를 제공하지 않기 때문에 짧고 강렬해야 한다. 제품 실루엣과 핵심 카피를 보여주는 3~5초 정도의 짧은 티저 광고는 온라인 광고로 적합하다. 동영상 전후에 붙일 수도 있고, 디스플레이 광고 끝에 슬쩍 붙일 수도 있다.

이미지만 좋다면 인스타그램에도 적당하다. 무엇보다 SNS는 흥미 있는 정보를 퍼 나르기에 최적화되어 있다. 친구들에게 "이번에 애플에서 신제품 나온대"라는 멘트를 보내는 대신 티저 광고를 공유하는 것이 훨씬 편하다. 손가락 두세 번만 움직이면 공유가 끝난다.

티저 광고에는 정형화된 형식이 없다. 만약 카페에서 새로 베이글을 출시한다면, 베이글을 비밀스럽게 반죽하는 모습만 보여줘도 된다. 베이글 진열대 앞에서 초조하게 기다리는 사람들의 모습만 보여줘도 된다. 대신 흥미를 자극하는 카피는 필수다.

30여 년 전, "선영아, 사랑해"라는 뜻 모를 티저 광고가 유행했던 적이 있었다. "선영아, 사랑해"라는 문구가 찍힌 포스터가 서울 곳곳에 붙었고, 사람들은 선영이가 누구인지를 궁금해했다. 하지만, 아날로그 시대의 티저 광고는 힘이 약했다. 오직 소수의 사람들, 특히 마케터들만 선영이가 누구인지 궁금해했다. 확산력이 부족했기 때문이다. 하지만, 온라인 시대에는 전국에 "선영아, 사랑해"라는 뜻모를 티저를 내보낼 수 있다. 모든 사람이 선영이가 누구인지 궁금하게 할 수 있다.

---

① POINT ◇

온라인기술
신제품에 대한 정보를 모두 보여주는 것이 아니라 감출수록 성공한다.

효과적인 매체
브랜드 사이트, 네이버 광고, 구글 광고, SNS

같이 구매하면 좋은 제품을
먼저 보여주자

크로스셀링을 통한 매출 확대

영업의 기본은 한 번에 더 많은 제품을 파는 것이다.

하지만 소비자들은 똑같은 제품을 한 번에 두 개씩 사지는 않는다. 차라리 서로 다른 제품들을 묶어서 같이 판매하는 것이 더 쉽다.

오후에 아이스 아메리카노를 사는 고객에게 달콤한 케이크를 보여주면 어떨까? 비록 아이스 아메리카노를 앉은 자리에서 두 잔 마시지는 않겠지만, 케이크를 곁들이면 훨씬 즐거운 커피 타임이 될 것 같다.

이처럼 서로 연관된 제품들을 같이 판매하는 것을 크로스셀링

혹은 교차판매라고 한다. 크로스셀링은 일반적으로 상호 보완적인 제품군에서 자주 볼 수 있다. 맥주 코너 옆에 짭짤한 안주가 같이 있으면 맥주와 안주를 같이 팔 수 있다.

서로 전혀 관계없는 제품 간의 교차 판매가 이루어질 수도 있다. 고전적인 사례지만, 아기 기저귀 코너 옆에 맥주 코너를 놓으면 기저귀와 맥주가 같이 판매된다고 한다. 갓난아이를 집에서 돌보느라고 밤에 놀러가지 못하는 부모들이 집에서 맥주라도 마시기 때문이다.

크로스셀링은 온라인 마케팅에서도 쉽게 볼 수 있다. 당장 온라인서점 예스24 사이트에 들어가보자. 원하는 책을 고르면 언제나 '이 책의 구매 고객이 같이 구매한 책'이라는 코너가 뒤따라 나온다. 나와 취향이 비슷한 사람은 무슨 책을 구매했는지 살펴보다가 한두 권 더 추가로 주문하기도 한다.

맥도날드 매장에 있는 키오스크 역시 크로스셀링을 열심히 하고 있다. 빅맥 세트를 주문하면 같이 곁들이면 좋은 사이드 메뉴가 뜬다.

온라인 판매는 크로스셀링에 매우 특화되어 있다.

크로스셀링을 위한 추가 제품 정보를 얼마든지 제공할 수 있다. 또한, 결제 코너에서 묶음 상품으로 구성된 제품들을 바로 보여줄 수 있다. 단품으로 구매하면 5천 원, 단품+사이드 메뉴를 구매하면 7천 원과 같은 방식으로 결제하기 편하도록 크로스셀링을 유도한다.

그렇다고 아무 제품이나 크로스셀링이 되는 것은 아니다. 제품들 간의 연관성이 어느 정도 있어야 한다. 같이 구매했을 때 가격이 더 싸진다는 것보다는 같이 구매해야 편의성 혹은 만족감이 더 커진다는 것을 강조하면 좋다.

예를 들면, 스마트폰을 새로 바꿀 때마다 구매하게 되는 스마트폰 파손 보험 같은 상품이다. 최신 스마트폰은 웬만해서 쉽게 깨지지 않는다. 하지만 새로 바꾼 스마트폰은 너무 소중하다. 소중한 스마트폰을 위한 파손 보험이 실제로 얼마나 필요한지는 모르겠으나, 파손 보험에 가입하는 순간 마음에 큰 안정을 얻을 수 있다.

온라인 마케팅으로 광고를 할 때는 항상 크로스셀링을 고려하면 좋다. 광고의 마지막 부분에는 같이 이용하면 좋은 제품을 소개해야 한다. 온라인 판매 사이트 역시 크로스셀링이 가능한 제품을 빠짐없이 소개해야 한다. 크로스셀링을 통해 매출이 빠르게 증가하는 것을 느낄 수 있을 것이다.

새로운 온라인 매체가 나오면
일단 써본다

디지털 마케터의 특징은 무엇일까?

> • 고객을 사로잡는 크리에이티브?
> • 타이밍을 놓치지 않는 순발력?
> • 한 줌 데이터에서 인사이트를 얻는 통찰력?

모두 틀린 말은 아니지만, 마케터의 가장 큰 특징은 바로 '호기심'이다. 항상 새로운 것과 트렌드에 목말라한다. 새로운 서비스와 제품이 나왔다면 무조건 일단 써본다. 호기심이 없는 마케터는 금방 트렌드에 뒤처진다. 본인이 식섭 이용해보지 않고 남들의 평가만 들어서는 새로운 기회를 놓치거나 불필요한 투자만 하게 된다.

· 사례 1

2021년에 전 세계적으로 크게 유행했던 클럽하우스라는 음성 기반 SNS 매체가 있었다. 일론 머스크가 클럽하우스에 등장했다고 해서 큰 화제가 되었고, 소위 힙하다는 셀럽들은 클럽하우스 초대장을 얻기 위해 바쁘게 움직였다.

클럽하우스를 본떠 한국에서도 스푼라디오 같은 음성 기반 서비스가 출시되었다. 하지만 클럽하우스의 전성기는 매우 짧았다. 많은 마케터들은 클럽하우스에 한계를 느끼고 클럽하우스를 떠났다. 아무래도 음성 기반 SNS는 광고 매체로는 부적합했다.

· 사례 2

반면에, 메타에서 새로 출시한 텍스트 기반 SNS인 스레드는 예상과 달리 순항 중이다. 온라인 세대는 이미지가 중심이라고 하지만, 여전히 텍스트로 소통하고 싶어 하는 사람들이 있었다. 무엇보다 페이스북, 인스타그램, 스레드 등이 서로 보완 관계를 유지하면서 메타의 광고 플랫폼을 강화하고 있다.

디지털 마케터라면 클럽하우스나 스레드와 같은 새로운 온라인 매체는 무조건 방문해서 체험해야 한다. 새로운 매체에는 새로운 사람들이 모이고, 이들을 통해 새로운 광고 및 판매 기회를 찾을 수 있기 때문이다. 클럽하우스처럼 단기간에 전성기가 끝난 온라인 매체는 오히려 공부가 될 수 있다. 실패한 경험을 통해 새로운 것을 배울 수 있기 때문이다.

새로운 매체가 등장하면, 남보다 먼저 테스트하고 빠른 판단을 내려야 한다. 빠른 판단이 더 많은 매출로 돌아올 것이다.

온라인기술
새로운 온라인 매체가 등장하면 무조건 이용해본다. 고객의 입장에서 신규 매체를 어떻게 활용할지, 그리고 어떻게 매출을 일으킬지 고민하자.

효과적인 매체
신규 온라인 매체, 신규 온라인 플랫폼

구글은 홈페이지 로고 디자인을
왜 계속 바꿀까?

브랜드 피로도를 막는 법

"세상에 영원한 것은 없다."

우리 브랜드가 최고라고 하던 열혈팬도 한순간에 마음을 바꾸고, 매일 매장을 방문하던 고객도 갑자기 발길을 끊는다. 온라인에서는 이런 현상이 더 심하다. 갑작스러운 고객 이탈만큼 무서운 것도 없다.

고객들이 제품과 서비스에 불만이 없는데 더이상 찾아오지 않는다면 우선 브랜드가 소비자에게 지루하게 인식되는지를 확인해봐야 한다. 온라인 환경에서 소비자의 충성도는 오래 가지 않는다. 브랜드가 지루해지면 바로 새로운 브랜드를 검색한다.

또한, 소비자에게 쌓이는 브랜드 피로도Brand Fatigue를 확인해봐야 한다. 아무리 좋은 브랜드 광고, 멋진 카피와 이미지라고 해도 같은 메시지를 계속 보면 피로도가 쌓인다. 그러면 소비자는 브랜드가 무슨 말을 해도 듣지 못한다.

이런 현상들을 막기 위해 브랜드의 새로운 면을 주기적으로 보여준다. 제품과 서비스의 물리적 특성을 바꾸거나 신제품을 출시하는 것은 쉽지 않고 많은 투자가 필요하다. 하지만 온라인 환경에서 새로운 제품 이미지, 새로운 홈페이지, 새로운 카피 등을 선보이는 것은 어렵지 않다. 비용도 저렴하다.

구글 두들Google Doodles은 구글 메인 화면 상단에 있는 구글 로고를 특별한 기념일이나 행사에 맞춰 위트 있게 또는 감동적으로 변환하는 것을 말한다. 크리스마스에는 산타가 구글 로고를 타고 움직이고, 올림픽 시즌에는 오륜기 형태로 로고가 바뀐다.

네이버도 로고 프로젝트라고 기념일에 맞는 스페셜 로고를 메인 화면에 보여준다. 브랜드 로고는 아이디어만 있으면 쉽게 디자인을 바꿀 수 있고, 소비자들은 사이트에 들어올 때마다 새로운 로고 디자인을 보면서 즐거워한다.

나이키와 아디다스 같은 스포츠 브랜드들은 올림픽, 월드컵 등 대형 스포츠 이벤트가 있으면 홈페이지 디자인을 대대적으로 바꾼다.

스타벅스는 주기적으로 스타벅스 카드 디자인을 바꾸고 있다.

물론 브랜드의 로고나 디자인, 홈페이지 등을 변경하는 것이 쉬운 결정은 아니다. 소수의 충성 고객들의 반발도 무시할 수 없다. 브랜드 정체성을 강조하는 충성 고객들은 미세한 변화라도 반대하는 경우가 있다. 이들의 주장이 틀린 것은 아니지만, 브랜드를 더욱 확장하고 발길을 돌린 기존 고객들을 다시 만나고 싶다면 브랜드를 새롭게 해야 한다.

브랜드가 조금이라도 침체되고 있다면, 우선 작은 변화를 하나씩 기획해서 고객의 반응을 살펴보자. 언제나 새로움은 진부함을 이긴다.

! POINT ◇

온라인기술
똑같은 브랜드 광고와 메시지가 반복되면 소비자는 지루해한다. 신제품 출시 대신 브랜드 이미지나 광고를 변경해서 새로움을 선사해야 한다.

효과적인 매체
브랜드 홈페이지, 브랜드 어플, 네이버 광고, 구글 광고, SNS

아마존의 호미가
의미하는 2가지

해외 시장 확대

몇 년 전 가장 한국적인 제품이 가장 세계적인 이커머스 플랫폼에서 화제가 되었다. 제품은 바로 '호미'다. 우리가 논밭에서 잡초를 제거할 때 쓰는 그 호미가 맞다.

한국의 아마존셀러 한 명이 호미를 미국 아마존에서 팔기 시작했는데, 엄청난 히트 상품이 되었다. 미국에서 호미를 구매한 소비자는 이렇게 좋은 제품을 이제야 알았다며 매우 만족했다고 한다.

아마존의 호미가 의미하는 것은 2가지다.

① 이커머스를 활용하면 한국 시장을 넘어 거대한 해외 시장으로 확장할 수 있다.

② 한국적인 제품이 해외에서도 충분히 성공할 수 있다.

오프라인 세상에는 국경이 존재하지만, 온라인에는 국경이 존재하지 않는다. 좋은 판매 아이템을 갖고 있고, 약간의 노하우만 갖고 있다면 얼마든지 해외 시장으로 진출할 수 있다.

일차적으로 아마존 같은 이커머스 플랫폼을 이용할 수 있다. 아마존에 셀러로 가입한 후 마치 역직구하듯이 제품을 판매하는 방식이다. 또는, 쇼피파이와 같은 플랫폼을 이용할 수도 있다. 쇼피파이를 이용하면 자신만의 쇼핑몰을 쉽게 제작할 수 있다. 아마존과 쇼피파이 등의 플랫폼은 구매 및 배송과 관련된 다양한 서비스를 제공하므로 조금만 익숙해지면 미국에 새로운 쇼핑몰을 오픈할 수 있다.

이때 중요한 것은 해외에 판매할 수 있는 아이템을 찾는 것이다. 아마존 호미는 해외에서 정원 손질용 기구, 즉 가드닝 툴로 포지셔닝 되어 있다. 원래 호미는 한국에서 농기구에 해당된다. 하지만, 미국의 가드닝 규모를 고려해서 정원 손질용 제품으로 판매했고, 결과는 대박이었다.

이처럼 한국에서 좋은 아이템이 있다면, 우선 해외 시장에 맞게 어떤 제품으로 포지셔닝 할지 고민해야 한다. 가장 한국적인 것이 가장 세계적인 거라는 말은 틀리지 않지만, 적어도 현지에서 필요한 물건으로 포지셔닝해야 한다.

국내 온라인 판매가 정체되어 있거나, 좋은 판매 아이템을 찾았다면 언제든지 해외 이커머스 플랫폼으로 눈을 돌려보자.

더 큰 시장에 더 큰 기회가 있다.

 POINT

온라인기술
한국 시장보다 훨씬 큰 해외 이커머스 플랫폼으로 눈을 돌려보자.

효과적인 매체
아마존, 쇼피파이, 라쿠텐 등 해외 이커머스 플랫폼

가늘지만 오래가는
롱테일 전략의 2가지 강점

롱테일 판매 전략

온라인 판매가 활성화됨에 따라 크게 유행한 전략이 있다. 바로 롱테일 전략[20]인데, 온라인 판매는 주력 제품을 중심으로 대규모로 판매되지만, 비인기 제품은 마치 공룡의 꼬리처럼 길고 가늘게 오랫동안 판매된다는 의미다.

롱테일 전략은 우리에게 친숙한 파레토 법칙, 즉 20%의 주력 상품이 80%의 매출을 이끌어 낸다는 것과 전혀 다른 방향을 가리킨다. 롱테일 전략은 비주력 상품이 오랫동안 꾸준히 판매되기 때문에 비주력 상품 역시 중요하다고 말한다.

롱테일 전략은 2가지 강점으로 온라인 판매에 특화되어 있다.

① 오프라인 대비 재고 관리의 부담이 적다

오프라인 매장은 제한된 공간 안에 모든 제품을 비치할 수 없다. 따라서 잘 팔리는 제품을 우선 확보하고 인기 없는 제품은 단종시키거나 매장에서 빼버린다. 하지만 온라인 판매는 재고 관리가 훨씬 수월하다. 고객이 볼 수 없는 창고 구석에 얼마든지 제품들을 쌓아둘 수 있다.

② 소수의 마니아나 니치 마켓에 특화된 서비스와 판매 가능

오프라인 대비 운영비가 낮고 개인화된 마케팅이 가능하기 때문에 소수의 마니아만을 위한 판매도 가능하다.

롱테일 전략은 엔터테인먼트 산업, 예를 들어 음악, 영화, 도서 등과 같은 분야에서 쉽게 볼 수 있다. 넷플릭스, 왓챠, 티빙 등과 같은 OTT 서비스는 최신 영화뿐만 아니라 과거의 인기 프로그램도 제공한다. 주력 콘텐츠는 최신 영화와 드라마지만, 오래된 영화와 드라마의 판권을 저렴하게 구입해서 꾸준히 활용하고 있다.

심지어 MOBI라는 해외 OTT 서비스는 마니아를 위한 예술 영화와 고전 영화만을 제공해서 1년에 약 1천억 원 이상의 매출을 올리고 있다.[21]

롱테일 전략이 주는 인사이트는, 비인기 제품이라도 누군가에게는 꼭 필요한 제품이므로 꾸준히 온라인에서 판매할 수 있다는 점이다. 그러니 쉽게 단종하거나 폐기하지 말고, 지속적으로 판매할 방법을 찾아야 한다. 특정 고객층을 발굴하거나 판매 방식과 메시지를 바꿀 수도 있다.

온라인 판매 사이트는 무한히 많은 제품을 등재할 수 있기 때문에 판매 사이트와 상품 페이지만 잘 관리한다면 비인기 제품도 꾸준히 판매할 수 있다. 물론 기본 전제는 비인기 제품을 보관하고 판매하는 데 추가적인 비용이 발생하지 않아야 한다. 따라서 식음료 제품, 즉석식품 등에는 적합하지 않다.

온라인 마케팅은 한 방에 크게 홈런을 칠 수도 있지만, 가늘고 길게 생명력을 유지하는 것도 가능하다. 중요한 것은 매출을 올리고 하나라도 더 파는 방법을 찾는 것이다.

❗ POINT ⌄

온라인기술
숨은 보석 같은 제품들을 찾아보자.

효과적인 매체
브랜드 자사몰, 네이버 스토어, 쿠팡, 11번가

인연을 맺은 고객과
평생 같이 가는 법

온라인 마케팅의 궁극적인 목적은 '한 번 고객을 평생 고객'으로 만드는 것이다. 마케팅에서는 이를 고객생애가치$_{LTV, Life Time Value}$라고 말한다. 고객생애가치는 우리가 고객으로부터 평생 얻을 수 있는 가치를 금액적으로 환산한 것이다.

- 고객 A : 1만 원짜리 제품을 평생 딱 1번만 구매했다면 고객생애가치는 1만 원이다.
- 고객 B : 1만 원짜리 제품을 올해 5번만 구매했다면 고객생애가치는 5만 원이다.

• 고객 C : 1만 원짜리 세품을 매년 2번 구매하지만, 잎으로 5년 동안 꾸준히 구매한다면, 고객생애가치는 10만 원이다.

1년만 놓고 본다면 고객 B가 고객 C보다 중요하다. 하지만 장기적 관점에서는 고객 C가 고객 B보다 기업에게 2배 정도 큰 매출을 안겨준다.

이처럼 고객생애가치를 적용하면 고객을 바라보는 관점이 바뀌게 된다. 한두 해 짧게 온라인 판매를 하고 업종을 바꿀 것이 아니라면, 고객생애가치가 더 높은 고객을 발굴하고 이들을 관리해야 한다. 고객생애가치를 이해하면 온라인 판매는 엄청난 기회를 가질 수 있다.

유아용품 전문 판매몰을 생각해보자.

갓난아기를 위한 제품을 판매하는 온라인 판매 사이트가 있다. 당연히 주요 고객은 신생아 부모다. 처음에는 갓난아기용 젖병, 옷가지를 주로 구매하게 된다.

그런데 아기들은 엄청 빨리 자란다. 갓난아기가 어느덧 기기 시작하고 걸음마를 배우기 시작한다. 필요한 제품도 달라진다. 이유식 관련된 제품들을 찾게 되고, 옷가지도 한두 치수 큰 옷이 필요하다. 좀 있으면 3~4살이 되고, 어린이용 옷가지와 장난감이 필요해진다. 이런 내용들은 모두 갓난아기의 생애와 깊이 관련되어 있다.

갓난아기를 위한 첫 번째 제품을 구매한 부모에게 몇 개월 후에 이유식과 관련된 제품 정보를 자동 발송한다면 어떻게 될까?

그리고 다시 1년 후에 걸어 다니는 아기를 위한 옷가지와 장난감에 대한 정보를 보내고, 다시 얼마 후에는 3살 어린이를 위한 제품 정보를 보낸다.

고객과의 관계를 잘 유지하고, 적절한 프로모션과 좋은 제품만 있다면 갓난아기의 부모는 앞으로 3~4년간 충성고객이 된다. 일회성 고객이 엄청난 고객생애가치를 지닌 충성고객이 된 것이다.

고객생애가치를 가장 잘 반영한 영역은 중고등학생을 대상으로 한 학원 마케팅이다.

고등학교 1학년 학생은 내년에는 2학년이 되고, 조만간 고3이 된다. 인터넷 강의를 하는 학원들은 고1 겨울방학이 되면 고2를 준비하라고 다양한 이메일과 문자를 보낸다. 고2가 되기 전에 준비해야 할 과목과 정보를 깨알같이 적어서 보낸다. 학원 마케팅만 잘 분석해도 고객생애가치를 충분히 이해할 수 있다.

고객생애가치에 기반한 온라인 마케팅은 고객에 대한 깊은 이해와 관심이 필요하다. 왜 고객이 우리 제품을 구매했으며, 앞으로 고객은 어떤 제품을 필요로 할지를 고민해야 한다. 고객과 함께 살아간다는 마음가짐으로 고객이 무엇을 원하는지 살핀다.

고객과 한평생 같이 간다는 마음을 먹는 순간, 고객에 대한 애정과 함께 새로운 수익 창출 방법이 보일 것이다.

! POINT ◇

온라인기술
고객에게 한 번만 제품을 파는 것이 아니라 평생 같이 간다는 전략이 필요하다.

효과적인 매체
브랜드 자사몰, 네이버 스토어, 쿠팡, 11번가

진심을 담은 이메일은
여전히 읽힌다

이메일 마케팅의 진화

꽤 오랫동안 이메일 마케팅은 온라인 마케팅의 대명사였다.

고객에게 이메일만 보내도 고객 문의와 제품 판매가 이루어지던 시절이 있었다. 하지만 어느 순간부터 기업들이 보낸 이메일이 자동으로 스팸 메일함으로 들어갔다. 화려한 디스플레이 광고와 SNS 마케팅이 등장함에 따라 이메일 마케팅은 점점 사라지는 듯했다. 하지만, 인공지능과 디지털 솔루션 때문에 이메일 마케팅이 다시 살아나고 있다.

이메일 마케팅은 다른 온라인 마케팅 수단과 비교해서 많은 장점을 갖고 있다.

우선 확보된 고객 리스트를 기반으로 이메일을 보내는 방식이라 비용이 많이 들지 않는다. 그리고 우리가 편지를 보내듯이 고객에게 다양한 메시지를 보낼 수 있다. 이미지와 동영상 역시 쉽게 첨부할 수도 있다. 즉, 고객을 쉽게 설득할 수 있는 다양한 콘텐츠를 보낼 수 있다.

하지만 이메일을 고객 한 명에 맞춰서 개인화하는 것은 쉽지 않다. 한두 명의 마케터가 고객별 특성을 분석해서 이메일에 들어갈 이름, 과거 구매했던 제품, 핵심 메시지를 하나하나 고칠 수는 없었다. 오히려 인건비가 더 들어간다. 이런 문제점 때문에 이메일 마케팅은 고객에 상관없이 똑같은 콘텐츠로 구성되었고, 결과적으로 스팸 메일로 분류되었다.

하지만 인공지능 기반의 디지털 솔루션은 이메일 마케팅에 새로운 생명을 불러넣고 있다.

인공지능은 고객 데이터와 구매 기록 등을 분석해서 최적으로 개인화된 메시지를 자동으로 작성할 수 있다. 고객 이름으로 시작하는 이메일은 아무것도 아니다. 고객이 아무리 많아도 고객별 특성에 맞는 메시지를 작성하고 필요한 제품을 추천할 수 있다. 고객의 생애주기와 구매 패턴을 학습해서 이메일을 보내야 할 시점도 자동으로 알 수 있다.

스마트라이터, 클릭업 등 다양한 인공지능 기반의 이메일 자동화 툴이 존재한다. 이런 툴이 어렵다면 우선 챗GPT를 활용할 수도 있다. 여기서 포인트는 인공지능과 이메일이 만난다면 고객을 효과적으로 유혹할 수 있는 멋진 콘텐츠를 만들 수 있다는 점이다. 멋진 콘텐츠는 언제나 매출로 이어진다.

! POINT ⌄

온라인기술
인공지능과 이메일 마케팅이 결합하면 고객 한 명을 위한 개인화된 콘텐츠를 생성할 수 있다. 이메일 마케팅의 새로운 가능성을 찾아보자.

효과적인 매체
인공지능 기반의 이메일 자동화 툴

콜라보레이션을 통해
새로운 고객을 끌어들이자

콜라보를 통한 사업 확대

콜라보레이션은 두 개 이상 브랜드들의 협업을 의미한다.

브랜드들이 자신만의 강점들을 서로 공유함으로써 새로운 제품을 출시하거나 마케팅 캠페인을 진행할 수 있다. 흔히 콜라보라고 줄여서 부르는데, 콜라보를 하는 목적은 다양하다.

온라인 마케팅에서 자주 활용하는 것은 새로운 고객을 확보하기 위해서다.

• 사례 1

간기능 보호제로 유명한 우루사는 얼마 전 젊은 패션 브랜드인 4XR과

콜라보를 진행했다. 우루사는 역사와 전통을 지닌 대표적인 간기능 보호제인데, 문제는 너무 오래되어 타깃 고객이 고령화되었다는 점이다. 이를 해결하기 위해 젊은 패션 브랜드와 콜라보를 하였다.

• 사례 2

대한제분과 세븐브로이가 곰표 맥주를 출시했다. 대한제분은 곰표 맥주를 통해 젊은 층에게 가장 인기 좋은 브랜드로 성장할 수 있었다.

• 사례 3

콜라보의 대표 브랜드는 패션 브랜드인 슈프림이다. 슈프림은 쿠키 브랜드인 오레오, 명품 브랜드 루이비통 등 다양한 브랜드와 콜라보를 진행하면서 자신의 브랜드 영역을 확장하고 있다.

콜라보가 항상 성공하는 것은 아니다. 콜라보를 함께 했던 파트너와 아름답지 않게 헤어질 수도 있으니 주의해야 한다.

종종 단순히 화제를 불러일으키기 위해 콜라보를 진행하는 브랜드들도 있다. 하지만 콜라보는 구체적인 전략에 기반해서 진행되어야 더 큰 효과를 볼 수 있다. 만약 고객들이 점점 고령화되어 브랜드의 활력이 떨어진다면 젊고 톡톡 튀는 브랜드와 콜라보해야 한다. 반면에 매출이 점차 줄고 있다면 시장 규모가 큰 브랜드와 협업해서 새로운 매출 기회를 만들어야 한다.

중요한 점은 타깃 고객들에게 콜라보 상황을 잘 전달하는 것이다. 아무리 멋진 콜라보를 하더라도 고객이 모른다면 아무 쓸모가 없다.

온라인기술
브랜드 아이덴티티와 고객층이 다른 브랜드와의 콜라보를 통해 새로운 기회를 만들 수 있다.

효과적인 매체
브랜드 홈페이지, 인스타그램, 유튜브, 페이스북

약은 약사에게
'디지털 마케터'를 채용하자

디지털 마케터 선발 기준

온라인 마케팅의 핵심은 온라인기술이다. 온라인기술이 있기 때문에 온라인 마케팅은 경쟁력을 가질 수 있다.

하지만, 아무리 좋은 온라인기술이 있더라도 이를 잘 사용할 수 있는 사람이 필요하다. 흔히 디지털 마케터(온라인 마케터)라고 부르는 마케팅 전문가가 있어야 정밀하고 다양한 온라인 마케팅을 펼칠 수 있다.

일정 규모를 지닌 기업들은 디지털 마케터를 직원으로 뽑아서 전담 업무를 맡기고 있다. 하지만 규모가 작은 중소기업이나 작은 카페나 공방 등은 전문적인 마케터를 별도로 채용할 만한 여유가 없다. 대부분 사장님이 직접 일인 다역을 하면서 온라인 마케팅을 하고 있다.

온라인 마케팅 업무를 고도화하고 더 많은 매출을 올리기 위해서는 전문적인 마케터가 있으면 좋다. 하지만 막연히 좋을 것이라는 기대를 가지고 마케터 한 명을 채용할 만한 사장님들은 많지 않다. 이런 경우 시기별로 고려할 수 있는 3단계가 있다.

1단계. 가장 먼저, 온라인 에이전시를 활용하는 방법이다

이미 무수히 많은 온라인 에이전시가 있다. 동네에 작은 카페를 오픈하면 다음날부터 이런저런 에이전시에서 전화가 온다. 블로그 마케팅을 해주겠다, SNS 마케팅을 통해 브랜딩을 도와주겠다 등 다양한 제안을 한다. 간혹 도를 넘는 영업 때문에 신뢰가 안가지만, 온라인 에이전시를 잘만 활용하면 효과를 얻을 수 있다.

단, 온라인 에이전시와 계약을 할 때는 정말 실력이 있고 믿을 수 있는지를 꼭 확인해야 한다. 에이전시가 성공시켰다는 케이스를 확인하고, 레퍼런스를 꼭 체크한다. 그리고 에이전시와의 계약 사항을 꼼꼼히 살펴서 에이전시의 업무 범위와 책임 소재도 확인한다.

2단계. 사업이 일정 수준 이상 커졌다면, 프리랜서 마케터 혹은 컨설턴트와 계약할 수도 있다

시간 단위 혹은 프로젝트별로 전문가와 계약을 맺고 이들의 전문성과 경험을 활용할 수 있다. 경험 많은 전문가를 만난다면 사장님이 고민하는 문제를 한두 시간 안에 해결해줄 수도 있다. 숨고, 크몽 등에서 전문가들을 찾거나 주변의 입소문을 통해서 찾아본다. 계약서를 작성하기 전에 반드시 레퍼런스를 확인해야 하며, 업무의 범위와 책임 소재 역시 꼼꼼히 살펴야 한다.

3단계. 제일 바람직한 것은 디지털 마케터를 채용하는 것이다

아무래도 내부에 믿을 만한 직원이 있으면 든든하다. 물론 인건비 지출이 무섭다. 하지만 책임감 있는 디지털 마케터는 인건비의 몇 배에 해당하는 매출을 가져올 수 있다. 디지털 마케터는 학벌이나 교육 수준보다 실무 경험이 제일 중요하다. 마케팅이나 디자인, IT 등을 전공했다면 좋겠지만, 실제로 어떤 일을 해봤는지가 제일 중요하다.

온라인 마케팅의 전문 영역은 매우 다양하고, 각각의 영역이 항상 호환되는 것이 아니다. 퍼포먼스 마케팅을 잘한다고 콘텐츠 마케팅도 잘한다고 볼 수는 없다. 따라서 디지털 마케터를 채용하기 전에 반드시 준비해야 할 서류가 '직무 기술서'다.

직무 기술서는 담당자가 수행할 업무를 정리한 서류다. 이메일 마케팅 20%, 퍼포먼스 마케팅 60%, 디스플레이 광고 20% 등처럼 구체적인 업무 내용을 알아보기 쉽게 요청해야 적합한 인재를 채용할 수 있다. 알바몬, 사람인 등 채용 사이드에 나오는 다양한 디지털 마케터 채용 공고를 참고한다.

온라인기술이 누구나 쉽게 할 정도로 발전해도 역시 디지털 마케터가 담당하는 것이 가장 좋다. 사업의 여건 및 규모에 따라 필요한 유형은 다르겠지만, 디지털 마케터의 능력에 따라 성과가 달라진다는 사실을 기억하자.

온라인기술
디지털 마케터를 채용할 여건이 안 된다면 온라인 에이전시나 프리랜서를 활용할 수도 있다. 하지만 일정 수준 이상의 성과를 기대하기는 어렵다.

효과적인 매체
사람인 같은 채용 사이트, 숨고, 크몽

온라인 마케팅을
가장 쉽게 배우는 비결

온라인 마케팅을 위한 교육법

온라인 마케팅의 트렌드와 기술은 정말 빨리 발전한다.

검색엔진최적화SEO를 배웠다고 생각하는 순간, 마케팅 트렌드는 그로스 해킹Growth Hacking으로 이동했다. 그로스 해킹을 공부했더니 이번에는 인공지능 기반의 자동화가 대세가 되었다. 온라인 마케팅의 발전 속도는 정말 따라가기 힘들다.

하지만 걱정할 필요 없다. 우리는 학문을 위해 온라인 마케팅을 배우는 것이 아니다. 우리의 목적은 온라인 마케팅을 익혀서 사업을 번창시키고 브랜딩을 하는 것이다. 온라인 마케팅에 대한 심도 있는 연구는 전문가에게 맡기고, 실무적인 내용만 쉽고 빠르게 학습하면 된다.

온라인 마케팅을 배우겠다고 학교나 학원에 등록하는 방법은 바람직하지 않다. 학교나 학원은 정해진 커리큘럼에 따라 기초부터 단계별로 가르친다. 물론 기초와 원론은 절대적으로 중요하다. 하지만 당장 실무에 활용하기 위해서는 꼭 필요한 부분만 선별해서 학습해야 한다. 따라서 제일 효과적인 방법은 온라인 매체를 활용하는 것이다.

유튜브에는 최신 온라인 마케팅 정보들이 가득하다. 새로운 기술과 트렌드에 대한 동영상들을 효과적으로 찾을 수 있다. 오히려 동영상이 너무 많이 있어서 어떤 정보가 믿을 수 있는지를 결정해야 한다. 제일 좋은 방법은 구독자 수와 동영상 조회수다. 신뢰할 수 있는 유튜브 계정을 하나 정해서 꾸준히 시청하면 필요한 정보를 항상 업데이트할 수 있다.

좀 더 체계적인 정보과 학습이 필요하다면 인터넷 강의를 신청해서 들을 수도 있다. 클래스 101, 패스트캠퍼스 등과 같은 온라인 강의 플랫폼에서 다양한 온라인 마케팅 강의를 들을 수 있다. 온라인 마케팅은 항상 새로운 트렌드에 대한 호기심과 학습이 필요하다.

온라인 마케팅을 위한 기획에서 중요한 3가지

매출 중심의 원페이지 기획서

온라인 마케팅은 기획과 크리에이티브라는 두 개의 날개로 움직인다. 기획은 어떤 전략을 활용해서 누구를 대상으로 한 광고를 만들지 결정하는 활동이다. 반면, 크리에이티브는 광고를 얼마나 창의적으로 만들지 고민하는 활동이다. 기획이 없으면 크리에이티브는 산으로 가고, 크리에이티브가 없으면 기획은 재미없는 서류일 뿐이다.

온라인 마케팅이 활성화되면서 점차 기획보다는 크리에이티브가 더 중요시되고 있다. 1분 미만의 짧은 숏폼은 기승전결의 구조 대신 강렬한 웃음 한 방이 중요하기 때문이다. 무수히 많은 온라인 광고 속에서 우리 제품이 돋보이려면 파격적인 크리에이티브가 필요하다. 점점 분석적인 기획 단계는 자리를 잃고 있다.

하지만, 기획은 여전히 중요하다. 마케팅 기획은 내가 현재 어디에 있고, 앞으로 어디로 가겠다는 방향을 제시한다. 그리고 목적지에 도달하기 위해 어떤 활동을 하겠다는 계획을 설정하고, 계획을 제대로 실행했는지를 판단하는 기준이 된다.

구체적인 기획 없이 크리에이티브를 만들다 보면 어느 순간 목적 없이 재미만 있는 광고를 만들게 된다. 광고 한 편은 재미있지만, 결과적으로 브랜딩과 매출에 도움이 안 되는 경우가 발생한다. 분명 온라인 광고를 봤지만 브랜드가 전혀 떠오르지 않는 광고들이 이런 경우다.

그렇다고 거창하게 기획서를 작성할 필요가 없다. 일단, 기획의 목적을 명확하게 한다. 이번 광고를 통해 매출을 올릴 것인지 브랜딩을 제대로 할 것인지를 정한다. 대부분 온라인 마케팅은 매출을 최우선 목표로 설정한다.

그다음으로는 누구에게(타깃 고객) 무엇을(제품과 서비스) 어떤 방식으로(광고의 톤앤매너) 얼마의 예산으로(광고비) 광고할지를 기록하면 된다. 각각의 항목에 대해 길게 적을 필요도 없다. 한 줄을 적더라도 구체적으로 적어야 한다.

예를 들면 다음과 같다.

① **누구에게 : 처음 취업을 한 20대 남성과 여성 직장인**

하루 종일 직장에서 일함에 따라 체력이 떨어지고 삶이 무기력한 사회 초년생. 처음 안정적인 월급을 받게 되어 재정적 여유가 생긴 직장인

② **무엇을 : 퇴근 이후 운영하는 첨단 크로스핏 센터**

회원제로 운영하고 최신 설비와 유명 코치가 있는 크로스핏 센터. 저녁 6시 이후 소수 정예로 운영되며, 회원 간 커뮤니티 참여를 지원하는 프로그램 운영

③ **어떤 방식으로 : 크로스핏하는 열정적인 모습이 담긴 숏폼 활용**

대사와 자막은 최소화하고, 회원들이 열정적으로 크로스핏에 참여하는 모습을 숏폼으로 촬영하고 유튜브에서 공유

기획서라고 해서 전문용어와 멋진 표현을 쓸 필요는 없다. 온라인 마케팅을 실행하기 위해 꼭 필요한 활동을 솔직하게 적으면 된다. 분량도 많을 필요 없다. 한 페이지, 소위 원페이지 기획서면 충분하다.

다만 최종적으로 달성하려는 목표와 모든 내용이 일관되어야 한다. 최종 목표는 매출 증대인데, 실제 기획은 브랜딩에 집중되면 힘이 분산된다.

온라인 마케팅을 처음 기획한다면, 챗GPT 같은 인공지능의

도움을 받아도 좋다. 달성하고자 하는 목표와 주요 항목들을 챗
GPT에 입력하고 기획서를 만들어 달라고 해보자. 제법 그럴 듯
한 기획서가 나온다. 이를 바탕으로 자신의 생각을 넣고 다듬으
면 전문가가 만든 듯한 기획서가 된다.

! POINT ◇

온라인기술
온라인 마케팅의 최종 목표와 결과물을 기록한 원페이지 기획서는 마케
팅이 나아갈 방향을 제시한다. 크리에이티브를 준비하기 전에 기획서를
먼저 작성한다.

효과적인 매체
원페이지 기획서, 챗GPT 같은 인공지능 서비스

제품이 아니라 취향을
팔아야 한다

취향 중심 가치 제안

온라인 마케팅은 '제품'만 판매하는 것이 아니다. '취향'을 사고 팔아야 한다. 강력한 팬덤을 구축하고 롱런하기 위해서는 자신만의 개성이나 관점이 필요하다는 뜻이다.

취향Taste은 개인의 정체성, 심미적 선호도, 문화적 감수성 등이 결합되어 형성된다. 취향이 같은 사람들은 만나자마자 바로 강한 동질감을 느낀다. 취향이 같다면 자잘한 부족함과 아쉬움이 있더라도 오래 같이 갈 수 있다. 취향이 좋은 사람은 세련되고 뭔가 배울 점이 많아 보인다.

단순히 제품을 한 번 판매하는 것에 그쳐서는 안 된다. 고객이 무엇을 원하는지 재빨리 파악하고, 고객의 감각과 취향에 맞는 제품을 계속 제안한다.

트렌디한 식당과 카페, 문화예술 분야는 제품이 아닌 취향을 파는 대표적인 분야다. '런던 베이글 뮤지엄'은 맛있는 베이글을 판매하는 곳이 아니라 런던이라는 분위기를 판매하는 곳이다.

애플은 최첨단 컴퓨터와 스마트폰을 판매하는 곳이 아니라 창의적 사람들에게 새로운 기회를 제공하는 브랜드다.

에어비앤비는 하룻밤 머무른 숙소를 예약하는 곳이 아니라 현지의 문화와 정서를 공유하는 기회를 제공하는 플랫폼이다.

네이버에서 디스플레이 광고를 하더라도 단순히 제품의 특성만 보여주는 것이 아니라, 제품이 전달하려는 의미를 잘 보여줘야 한다.

브랜드가 전달하려는 취향은 온라인 마케팅, 브랜드 메시지, 제품의 포장 등 모든 영역에서 잘 드러나야 한다. 취향을 판매한다는 것은 양날의 검과 같다. 취향이 같은 소비자를 만나면 오랫동안 같이 갈 수 있지만, 한번 아니라고 생각하면 소비자는 뒤도 돌아보지 않고 떠난다. 하지만 취향을 판매하는 것은 강한 차별화 요인이 될 수 있다. 제품보다 취향을 먼저 고민할 때 고객과 지속적인 관계를 형성할 수 있다.

미래의 금광
'시니어 시장'을 선점하라

소비 계층 확대 비법

주변을 둘러보면 모두 레드 오션이다. 모든 사람이 온라인 마케팅과 온라인 판매로 무장하고 새로운 시장을 찾고 있다.

그럼에도 불구하고 개척되지 않은 영역이 있다. 오랫동안 논의는 되어왔지만 누가 시장을 장악했다는 소문도 없는 영역이다. 바로 '시니어 마켓'이다.

고령화가 가속화됨에 따라 시니어 마켓은 점점 더 커지고 있다. 건강하고 재정적으로 여유가 있는 시니어들이 많아지고 있다. 하지만 이들은 온라인 마케팅에서 상대적으로 주목을 받지 못하고 있다.

몇 가지 이유가 있다.

먼저 시니어들은 온라인 기기, 즉 스마트폰과 이커머스 등에 익숙하지 않다는 편견이 있다. 일정 부분 맞는 말이지만, 현재 50대는 이미 오랫동안 온라인 기기를 사용해 왔다. 이들이 몇 년만 지나면 60대, 즉 시니어 계층으로 이동한다. 따라서 시니어가 온라인에 친숙하지 않다는 생각은 조만간 깨질 것이다.

또 다른 이유는, 대부분의 온라인 어플과 플랫폼이 젊은 층을 대상으로 이루어진다는 점이다. 아무래도 젊은 층이 온라인 마케팅에 쉽게 반응한다. 시니어는 상대적으로 보수적이고 과거의 관행을 더 선호하는 경향이 있다. 하지만 아직까지 시니어를 위한 온라인 마케팅이 제대로 이루어진 적도 없고, 이들을 위한 플랫폼 역시 거의 없었다.

앞으로 시니어는 온라인 마케팅과 온라인 판매의 주력 계층이 될 수 있다. 체력의 한계로 멀리 나가서 쇼핑하기 힘든 상황에서 온라인 쇼핑처럼 편리한 도구는 없다. 또한, 연금 때문에 최소한의 안정적 수익이 가능하고, 온라인에 익숙한 시니어들이 계속 증가하고 있다. 그리고 보수적이지만, 일단 관계를 맺으면 쉽게 다른 사이트로 이동하지 않는다. 한마디로, 충성도 높은 안정적인 고객층이 될 수 있다.

시니어를 공략할 때 2가지 주의점을 알아보자.

① 먼저 화면 UI/UX를 새롭게 한다

시니어의 노화된 시력에 맞게 글씨와 이미지를 크게 만들어야 한다. 그렇다고 멋없게 크기만 키워서는 안 된다. 미래의 시니어는 젊었을 때의 감각을 그대로 가지고 있다. 시력만 나빠졌을 뿐이다.

더 중요한 것은 꼭 필요한 기능만 제공해야 한다. 필요하지도 않은 기능을 어플과 플랫폼에 추가해서 UI/UX를 복잡하게 하면 안 된다. 시니어의 특성을 이해해서 당장 쓸 수 있고 자주 활용하는 기능만 제공해야 한다.

② 시니어에 특화된 온라인 광고가 필요하다

MZ 세대를 위한 광고는 빠르고 자극적이다. 하지만 시니어는 상대적으로 정보를 받아들이는 속도가 늦다. 따라서 차분하지만 정보력 있는 온라인 광고를 제공해야 한다. 그렇다고 재미없는 서술형 광고를 제작할 필요는 없다. 시니어도 똑같이 재미있는 광고와 숏폼을 사랑한다. 받아들이는 속도의 차이가 있을 뿐이다.

시니어 마켓은 앞으로 온라인 마케팅과 온라인 판매가 가야 할 방향이다. 미래의 황금 시장이고 아직까지 누구도 선점하지 않은 시장이다. 정부와 지자체에서 다양한 지원금이 제공되는 시장이기도 하다.

고객생애가치의 개념을 갖고 현재 운영 중인 온라인 마케팅과 온라인 채널을 시니어 대상으로 확대하는 전략을 검토하면 좋다.

ⓘ POINT ⌃

온라인기술
시니어를 위한 온라인 마케팅은 미래의 블루 오션이다. 시니어의 육체적, 정서적 특성을 공감하고 이들을 위한 마케팅 전략과 온라인 판매 채널을 통해 새로운 시장을 개척할 수 있다.

효과적인 매체
브랜드 홈페이지, 어플, 네이버, 구글, SNS

마침내 깨닫다.
제품보다 신뢰를 팔아야 오래간다

신뢰 기반 관계 만들기

결국, 마케팅이란 고객과의 신뢰가 최고의 비결이다.

현란한 광고와 숏폼으로 고객을 유인하더라도 브랜드와 제품이 약속을 지키지 않으면 고객의 신뢰를 잃게 된다. SNS와 방송에서 자주 접하는 인플루언서라고 믿고 제품을 구매했는데, 사실은 뒷광고라는 것을 알면 얼마나 큰 배신감을 느낄까?

온라인 마케팅은 엄밀한 숫자의 세계다. ROAS를 통해 광고효과를 구체적인 숫자로 파악하며, 구독자 숫자가 무엇보다 중요하다. 실시간 집계되는 방문객 숫자와 판매액을 보고 있으면 사람 대신 숫자만 보인다. 하지만 온라인 마케팅 역시 사람이 기획하고 사람이 광고를 보고 사람이 물건을 구매하는 활동이다. 사람에 대한 신뢰가 무엇보다 우선시 되어야 한다.

열혈팬과 충성고객들을 믿고 초심을 잃은 인플루언서와 브랜드들이 많다. 초기에 반짝이는 감각으로 패션 인플루언서로 성장했지만, 어느 순간 명품 브랜드를 카피한 제품을 팔거나 먹을 수 없는 식품을 판매하다 영업이 종료된 인플루언스들도 많다. 마치 내돈내산인 것처럼 방송했지만 알고 보니 뒷광고였던 경우도 많다.

만약 한두 시즌 열심히 제품을 팔고 사업을 접겠다면 어쩔 수 없다. 법의 테두리 안에서만 사업을 하면 된다. 하지만 오랫동안 사랑받는 브랜드가 되겠다면 진심을 담아야 한다.

온라인에서 진심을 담는다는 것은 무엇일까?

① 과장과 거짓의 경계를 명확히 한다

마케팅을 하다 보면 어느 정도 과장된 표현을 쓰게 된다. 하지만 과장과 거짓은 한끗 차이로 결정된다. 제품을 돋보이기 위한 현실적인 과장인지, 없는 것을 일단 말하고 보는 것인지를 구분해야 한다.

② 법의 테두리에서 벗어나면 안 된다

브랜드가 법의 테두리 밖에서 활동한 것이 밝혀지면 어떤 변명으로도

해결할 수 없다. 모든 활동은 법의 테두리 안에서 진행한다.

③ 고객과의 약속은 반드시 지킨다

일정에 맞춰 신제품 출시 약속을 지키는 브랜드는 흔하지 않다. 하지만 일정을 못 맞추는 것과 아예 출시를 안 하는 것은 큰 차이가 있다. 고객에게 한 약속은 무조건 지켜야 한다. 사정이 있다면 바로 공개한다.

온라인 마케팅은 신속하고 파괴적이다. 만약 브랜드가 신뢰를 어겼다고 판단되면, 부정적인 여론과 정보가 순식간에 확산된다. 오랫동안 쌓아온 신뢰 관계가 한 번의 실수로 무너지는 것이 온라인 공간이다. 항상 고객에게 현실 이상의 약속을 하는지, 그리고 법의 테두리 안에서 움직이는지 고민해야 한다.

오프라인이든 온라인이든 제품이 아니라 고객과의 신뢰를 팔아야 한다는 것은 똑같다. 온라인 마케팅 기술에 진심을 담아보자.

❗ POINT ↕

온라인기술
온라인 마케팅의 가장 강력한 무기는 신뢰 구축이다.

효과적인 매체
브랜드 홈페이지, 어플, 스마트 스토어, 자사몰, SNS

본질은 바뀌지 않는다!
매출과 성과에 집중한다는 것

온라인 마케팅은 정말 빠르게 발전한다.

소비자들의 반응도 예측불가다.

    이렇게 급변하는 AI시대엔 새로운 마케팅 기술이 필요하다. 이 책에 실린 100가지 온라인기술들은 온라인 마케팅의 특징적인 변화를 가장 잘 보여주는 것들이다. 그렇다고 단순히 최신 기술들만 나열하지는 않았다. 100번째 온라인 마케팅 기술인 '신뢰'는 온라인과 오프라인에 상관없이 우리가 평생 기억해야 하는 진실이다.

    온라인 마케팅의 강점은 즉각적인 매출을 이끌어 낼 수 있다는 점이다. 고객의 반응을 실시간으로 확인하고, 데이터로 분석할 수 있다. 인터넷과 모바일 환경에서 고객에게 딱 맞는 디지털 광고를 보여주면서 구매를 유도할 수 있다.

숏폼과 유튜브를 통해 무명 브랜드가 한순간에 모든 사람이 사랑하는 브랜드가 될 수도 있고, 동네 어귀에 있는 작은 베이커리가 하루아침에 오픈런을 해야만 하는 맛집이 될 수도 있다.

이 모든 기적은 온라인 마케팅을 통해 달성될 수 있다.

불과 얼마 전까지 온라인 마케팅은 소수의 전문가, 즉 체계적인 교육을 받은 마케터의 영역이었다. 하지만 디지털 기술이 발전함에 따라 이제는 누구나 온라인 마케팅을 쉽게 그리고 효율적으로 할 수 있다. 지금 필요한 것은 딱 2가지다.

첫 번째는 온라인 마케팅을 시작하겠다는 의지이고,

두 번째는 온라인 마케팅을 통해 매출을 크게 올리겠다는 목표 의식이다.

이 책에 있는 기술들을 하나씩 적용하다 보면 어느 순간 증가한 매출액과 열혈팬을 확인할 수 있을 것이다. 한계 없이 성장하는 온라인 마케팅의 힘을 직접 경험해보자.

참고문헌

1 "숏폼 콘텐츠의 시대, 이대로 괜찮은가?", 한국리서치, 2023년

2 "MZ들의 걷는 법? '슬릭백' 춤 동작", MBC 뉴스, 2023년 10월 20일

3 "말없이 리뷰하니 조회수↑ … 새로운 숏폼 트렌드는 침묵", 뉴시스, 2024년 1월 22일

4 배달의민족 신춘문예 (https://spring.baemin.com), 2022년 대상과 최우수상

5 AD & Media Trend Report : 2022년 광고시장 결산과 전망, 한국방송광고진흥공사, Vol. 1, 2023년 2월. 2023년 광고 비중은 예측치임.

6 https://www.nngroup.com/articles/how-long-do-users-stay-on-web-pages/

7 "웹 로딩 속도 1초에 아마존 매출 68억 달러 달렸다", ZDNet Korea, 2019년 4월 19일

8 "유령회사 차려 경쟁업체에 '광고비 폭탄' … 네이버는 속수무책", KBS, 2024년 10월 24일

9 "Brands and Branding : The Economist Series (2nd Edition)", Bloomberg Press, 2004

10 『트라이브즈(Tribes)』 세스 고딘 저, 유하늘 번역, 시목

11 "'장난감 갖고 놀겠다'며 사표 쓴 변호사 … 레고로 쌓아올린 예술", 연합뉴스, 2017년 10월 12일

12 "업계 최초 현대백화점 VIP만의 'RSVP'? 일반 고객 반감 역효과 날 수도", 비즈니스 포스트, 2023년 9월 13일

13 "아디다스 대 톰 브라운, '선의 전쟁' 승자는?", KBS뉴스, 2024년 10월 3일

14 브랜드 자산(Brand Equity)는 데이비드 아커 교수의 브랜드 자산 이론을 기반으로 설명함.

15 『티핑 포인트』 말콤 글래드웰 저, 김규태 번역, 김영사

16 "짧고 강렬한 게 좋아" 스낵 콘텐츠 인기, 경상일보, 2022년 9월 15일

17 3050 남성패션앱 '댄블' 운영사 테일러타운, 54억 투자 유치, 매일경제, 2024년 6월 25일

18 "탈(脫) TV 전략 통했다" 홈쇼핑 업계, 3Q 잇따라 실적 호조, 뉴시스, 2024년 11월 8일

19 2023 Marketing Technology Landscape Supergraphic: 11,038 solutions searchable on martechmap.com, https://chiefmartec.com

20 The Long Tail, Chris Anderson, The Wired, 2004

21 무비 : 넷플릭스와 정반대로 걷는 OTT, 손맛 추천으로 840만 명을 잡다, 롱블랙, 2024년 11월 27일

무조건 팔리는
온라인 마케팅 기술 100

1판 1쇄 인쇄 2025년 2월 12일
1판 1쇄 발행 2025년 2월 24일

지은이 마정산
발행인 김태웅
기획편집 이미순, 박지혜, 이슬기
표지 디자인 섬세한 곰   **본문 디자인** 호우인
마케팅 총괄 김철영   **마케팅** 서재욱, 오승수
온라인 마케팅 하유진   **인터넷 관리** 김상규
제작 현대순   **총무** 윤선미, 안서현, 지이슬
관리 김훈희, 이국희, 김승훈, 최국호

발행처 ㈜동양북스
등록 제2014-000055호
주소 서울시 마포구 동교로22길 14(04030)
구입 문의 (02)337-1737 **팩스** (02)334-6624
내용 문의 (02)337-1763 **이메일** dymg98@naver.com

ISBN 979-11-7210-090-2 03320